201

車両編のはじめに

夕張市の中心市街地には２つのターミナル駅があり、炭鉱からの石炭搬出ルートも２通りあった。

「白いけむりが、ポッポッとあがったので夕張駅をみつけました。～中略～。“今度は南の方をみてみましょう”。先生のゆびさされた方を見ると、みどり色のやねをした市役所や、高い火のみやぐらのしょうぼうしょが見えました。“あ、ジーゼルカー。”と一郎君がいいました。ちょうど、夕張本町駅から、うごきだしたところでした」。

本町地区の東山公園から俯瞰した光景が「社会科副読本　わたしたちの夕張　夕張市教育研究所　1964年」に記されている。

現在夕張鉄道（株）はバス専業だが、かつて北

海道の産業界に君臨した北海道炭礦汽船（株）の関連会社として、1926（大正15）年10月開通の地方鉄道線（野幌～夕張本町間・53.2km）を有し、国鉄夕張線とともに夕張炭田の石炭輸送に活躍、また札幌・小樽方面への短絡路線としてヤマの人々の足となったが、1975（昭和50）年４月、北炭平和炭鉱の閉山により全線廃止となった。

RM LIBRARY第285巻「夕張鉄道 路線・沿革編　ー石炭を運んで半世紀ー」では、その成り立ちや駅などを中心に解説したが、「車両編」となる本書では石炭輸送に活躍し、ヤマ（炭山）の人々の足となった蒸気機関車、ディーゼル機関車、気動車、客車、貨車等の多彩な車両を中心に解説する。

鹿ノ谷駅跨線橋から駅構内を望む。右は夕張鉄道が使用した４・５番線ホーム。奥に鹿ノ谷機関区、左は国鉄夕張線鹿ノ谷駅。
1966.9.21　P：川村高志

コッペル社製の2号機。
1963.8　鹿ノ谷機関区　P：中西進一郎

1. 蒸気機関車

1.1 初期の蒸気機関車

●1形(1・2)

1形1・2はドイツ・オーレンシュタイン・ウント・コッペル社(製番11001・11002、1925年製)の250PSクラス機(新設計)で、夕張鉄道の開業に際して導入された。

日本に輸入されたコッペル社製の機関車としては大型に属し、軸配置1C1、重量43.32t、全長9,704mm、動輪径1,100mm、固定軸距2,400mm、シリンダー400×500mmである。これは福岡県の貝島炭砿専用鉄道で使われた軸配置1C1、重量44.3tの31・32号機に次ぐ大型機である。

ブレーキ装置は、当初は蒸気ブレーキと手ブレーキであったが1は1927(昭和2)年、2は1930(昭和5)年に空気ブレーキ化改造を実施し、あわせて本線の列車に使用する場合を考慮した補助水槽車ミ1(39頁参照)が1931(昭和6)年に用意された。

同型機5両が北海道内で使用されたが、一部は鉄道

夕張鉄道から北炭清水沢炭鉱専用線へ応援に入ったコッペル社製1号機。
1963.8　清水沢
P：中西進一郎

■車両竣工図表　夕張鉄道１形　　資料所蔵：奥山道紀

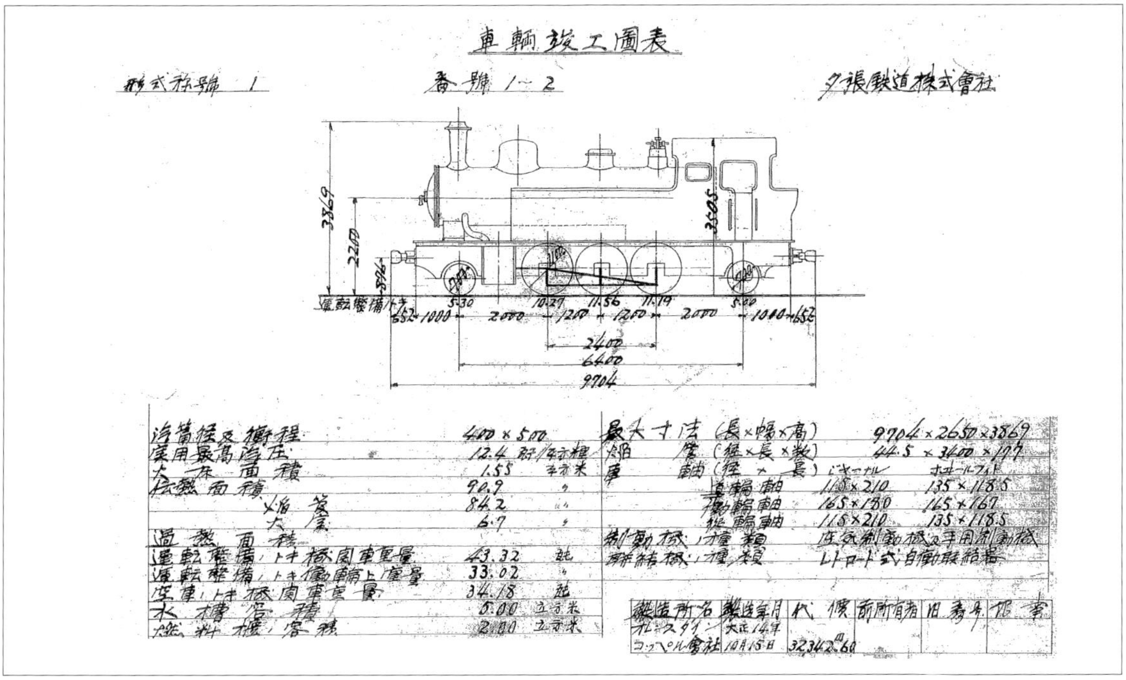

省に編入され国鉄3045形式となった。

なお、コッペル社の記録では北海道炭礦汽船の発注となっており、購入時の価格は32,342円60銭の記録がある。

夕張鉄道では建設時から使用され、1951(昭和26)年３月からの新夕張～野幌間急行運転の際には補助水槽車ミ１を従え活躍した。小運転や角田炭砿専用鉄道、鹿ノ谷の入換に使用され晩年は、応援として清水沢から分岐する北炭清水沢炭鉱専用線でも使用された。

両機とも1965(昭和40)年５月20日に廃車となった。

1.2 夕張に咲いたコンソリの傑作

●11形(11～14)

11形は、同鉄道の開業に際して日立製作所笠戸工場で計４両が製造された。まずは11～13(製番203～205)が1926(大正15)年に、続いて14(製番238)が野幌延長に備えて、1927(昭和２)年に増備された。

『日立評論』(昭和３年１月・第11巻第1号)掲載の記事によると「北海道夕張鉄道会社の2-8-0型過熱機関車は需要家の仕様運転整備重量50ｔ以内、気筒直径及行程460×560mm、気缶全伝熱面積125平方m、火床

夕張鉄道2-8-0型加熱テンダー蒸気機関車
出典：『日立評論』Vol.11 No.1「我が製作界の成果」(1928年)

11号機牽引の臨時客車列車。11号機の次位にナハ52など客車４両が連なり、後部補機に12号が付く。　1963.8　鹿ノ谷　P：中西進一郎

面積1.77平方mと云うのに基づいて設計してあり、其の設備は鉄道省の9600型機関車と殆ど同様で其の最大長、幅及び高さは15,438×2,638×3,883㎜である 」とされており、「9200形の走行部分と8620形のボイラーを組み合わせたもの」「9600形の足回りに8620形のボイラーを組合わせたもの」「足回りは9600形の10％縮小、ボイラーは8620形の10％増」等などといわれている。

軸配置1D、機関車重量50.60t、全長15,438mm、動輪径1,118mm、固定軸距4,116mm、シリンダー457×559mmと実際の設計は9600形をベースとしており、板台枠式台枠の形状や、動輪上に火室を置くことで幅を広く、奥行きを短くする広火室式の採用、乙字形のキャブ形状や初期の9600形に見られる２軸のものとほぼ同一テンダーのほか、左右動輪のクランクピンの位相が左先行型（通常は右先行型）になるなど、9600形を踏襲している点が見られる。勾配線区を持つ運炭鉄道として、9600形の縮小版もしくは9200形の近代化をイメージして設計されたものとなっている。

開業当初より混合や貨物列車牽引に活躍。1941（昭和16）年７月には皇族の夕張来訪に際して、12が御乗用列車牽引の任に当たった。

重油燃焼装置の試験のため、重油曹をボイラーに載せた11号機。本採用にはならず後に撤去された。
1962.2.28　鹿ノ谷　P所蔵：江別市郷土資料館

■五拾頓二-八-〇テンダー機関車組立図 側面

資料所蔵：夕張市石炭博物館

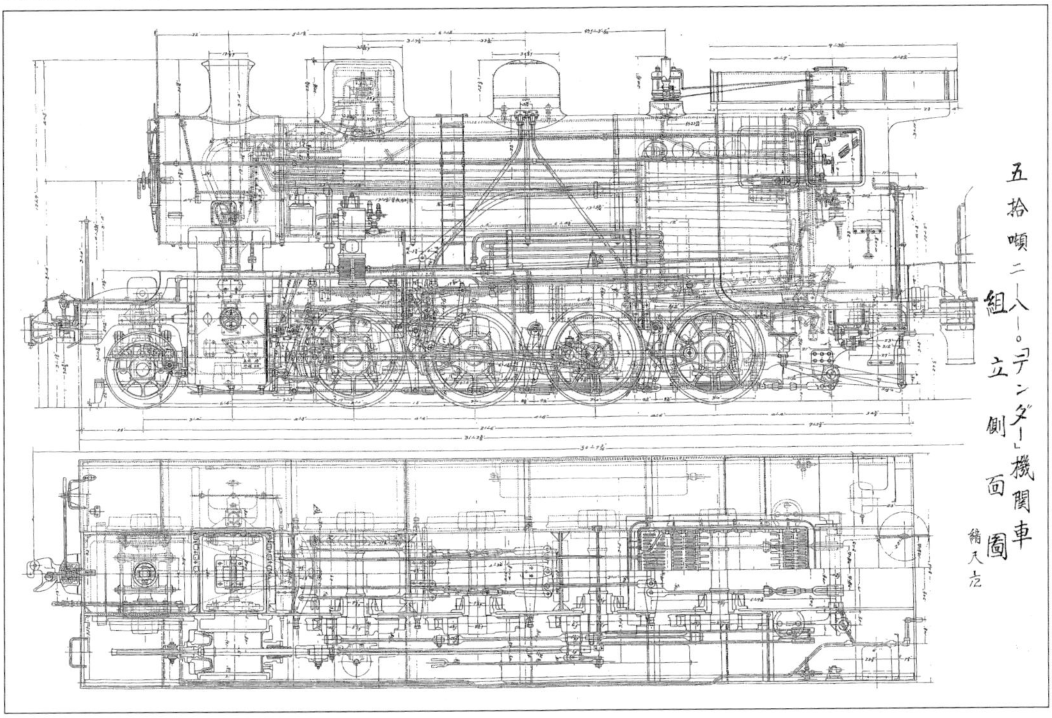

■五拾頓二-八-〇テンダー機関車組立図 炭水車

資料所蔵：夕張市石炭博物館

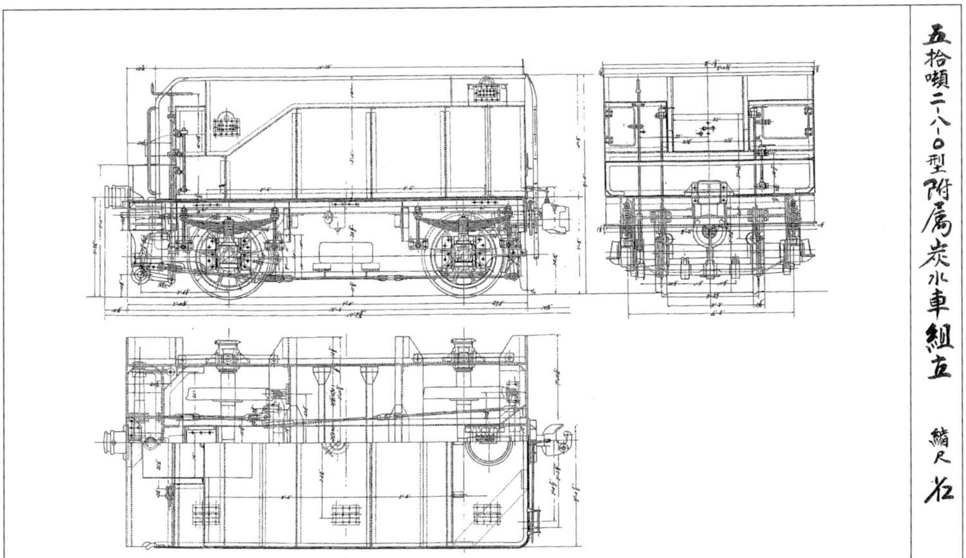

1954(昭和29) 年に11で重油燃焼装置と消煙装置の試験を行った(S29.5.4・改造認可)。重油槽は容量$1.0m^3$のものを蒸気ダメと砂箱の間に設置し、火室に空気ノズル式重油燃焼装置と空気ノズル式空気送入装置を装備したが、練炭使用の方が成績がよかったため本採用にはならず、装置も後に撤去された。

気動車導入による客貨分離、21(9600) 形増備や1969(昭和44) 年４月のＤＬ導入により淘汰が進み、11・13が1969年に、14が1971(昭和46)年に廃車され、晩年まで活躍したのは12だけであった。その12も晩年は専ら若菜駅から分岐する専用線の入換や、コッペル１形と同様に北炭清水沢炭鉱専用線の応援に従事し、これらも1974(昭和49) 年秋の活躍が最後となった。

■車両竣工図表　夕張鉄道11形

資料所蔵：奥山道紀

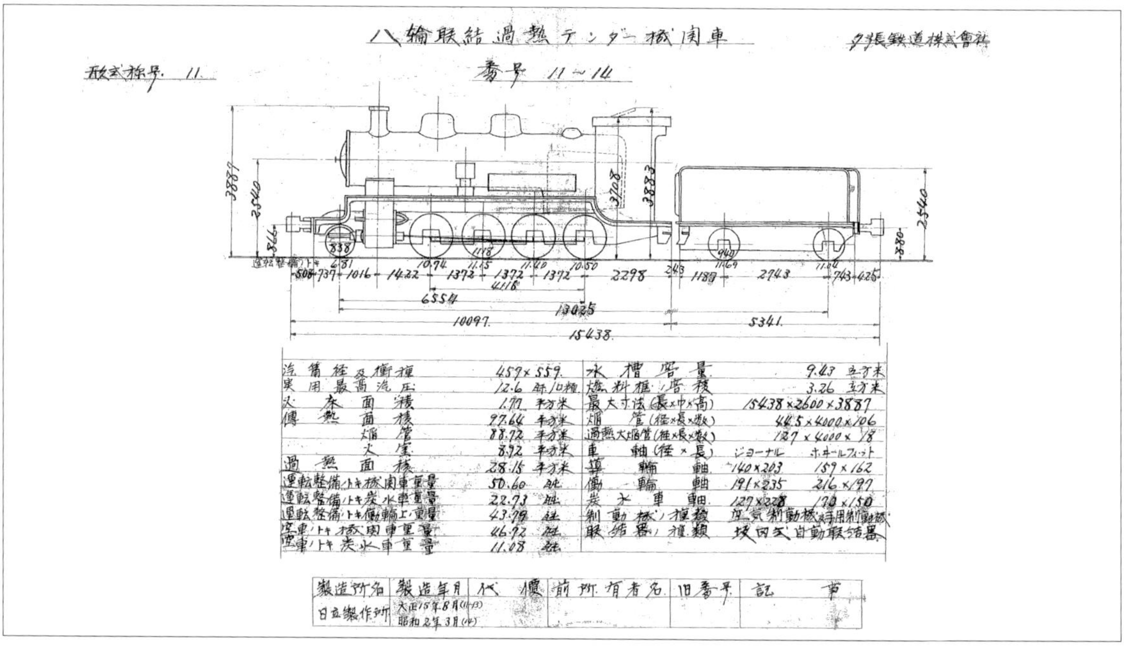

汽筩径及衝程	459×559	水槽容量	9.43 立方米
実用最高汽圧	12.6 瓩/□糎	燃料搭ノ容積	3.26 立方米
火床面積	1.77 平方米	最大寸法(長×巾×高)	15438×2600×3887
傳熱面積	97.64 平方米	烟管(径×長×数)	44.5×4000×106
烟管	88.72 平方米	過熱大烟管(径×長×数)	127×4000×18
火室	8.92 平方米	車軸(径×長)	ジョーナル　ホイールフィット
過熱面積	28.15 平方米	導輪軸	140×203　159×162
運転整備ノトキ機関車重量	50.60 瓲	働輪軸	191×235　216×197
運転整備ノトキ炭水車重量	22.73 瓲	炭水車軸	127×228　170×150
運転整備ノトキ働輪上ノ重量	43.79 瓲	制動機ノ種類	空気制動機及手用制動機
空車ノトキ機関車重量	46.72 瓲	聯結器ノ種類	坂田式自動聯結器
空車ノトキ炭水車重量	11.08 瓲		

製造所名	製造年月	代價	前所有者名	旧番号	記事
日立製作所	大正15年8月(11-13) 昭和2年3月(14)				

11形のなかでも晩年まで活躍した12号機。その職場は北炭化成専用線だった。
1973.6　P：伊藤保則

テンダー側から見た11形12号機。
1968.8.18　鹿ノ谷　P：荻原俊夫

14が1972(昭和47)年５月に夕張市に寄贈され、夕張本町駅跡に開設された夕張市郷土資料館にナハニフ151とともに保存され、1980(昭和55)年９月には夕張市石炭博物館・ＳＬ館(石炭の歴史村)に移設されて保存・公開されていたが、同市の財政破綻により現在は休館中となっている。

12も1975(昭和50)年３月31日に廃車後、江別市の個人が保存、2011(平成23)年から日本鉄道保存協会が所有しているが、こちらも非公開となっている。

12号機の缶修繕風景。　1953.11.30　P所蔵：柴原新平

11形13号機。　1963.10.8　鹿ノ谷　P：宮内明朗

11形14号機。スノープラウ上下用のシリンダーを装備している。同機は廃車後、夕張市石炭博物館・SL館に保存されている。
1963.8　鹿ノ谷　P：中西進一郎

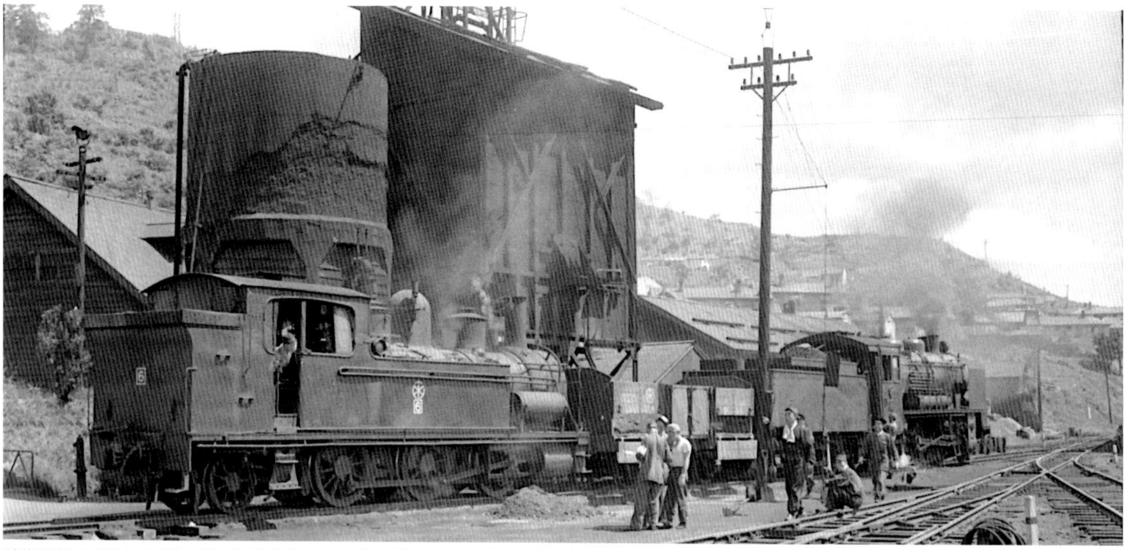

給炭塔横の6号と21形、間に無蓋貨車ト９。給水塔はその後東側の斜面に地下水槽が設置され、給水栓のみとなった

1961年　鹿ノ谷機関区　P：大原康弘

7号機の前で記念撮影。

1960年頃　鹿ノ谷機関区　P所蔵：花田政光

●６形(６)

６形６は1905(明治38)年に米国ボールドウィン社(製番26207)で製造された国鉄2500形2613(鉄道作業局Ｂ6形1147)がその前身。追分機関区で廃車となったものを1927(昭和２)年に譲受したもので、国内Ｂ6の私鉄譲渡第１号。

軸配置Ｃ1、重量49.97t、全長10,414mm、動輪径1,250mm、固定軸距3,810mm、シリンダー381×610mm。

1964(昭和39)年5月６日に廃車になるまで、主に鹿ノ谷駅構内で入換に使用された。

■車両竣工図表　夕張鉄道６形

資料所蔵：奥山道紀

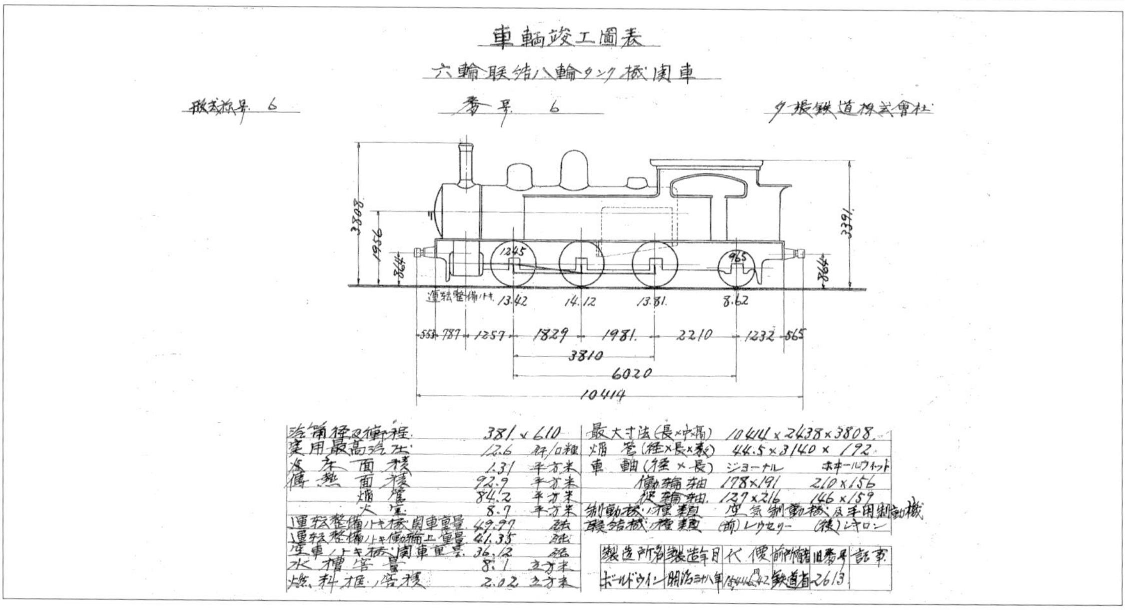

■車両竣工図表　夕張鉄道７形　　資料所蔵：奥山道紀

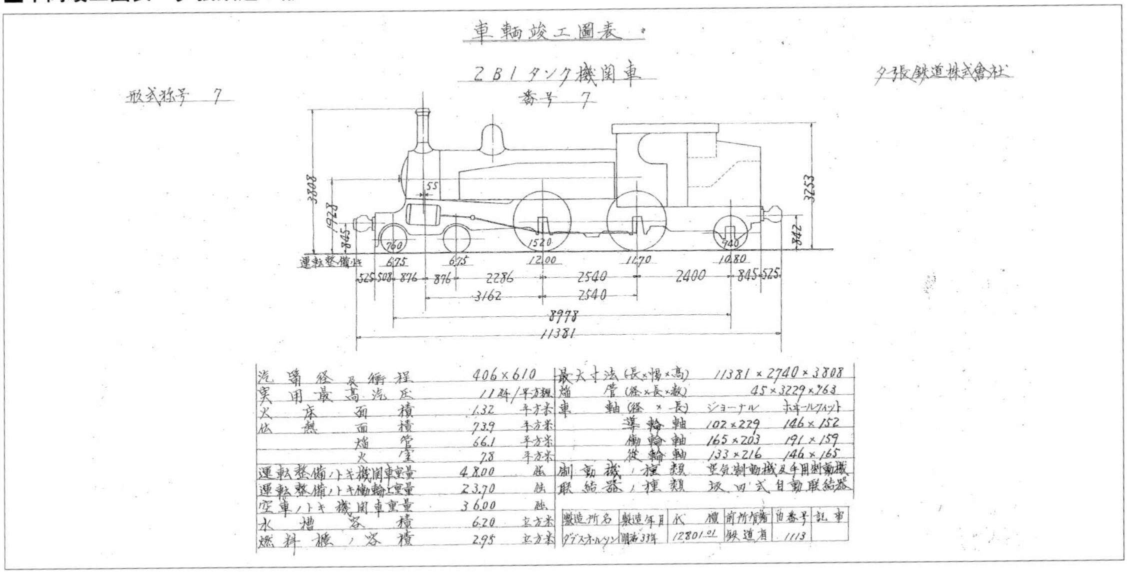

汽筩径及衝程	406×610	最大寸法(長×幅×高)	11381×2740×3808
実用最高汽圧	11瓩/平方糎	煙管(径×長×数)	45×3229×163
火床面積	1.32 平方米	車軸(径×長)	ジョーナル　ホヰールフィット
伝熱面積	73.9 平方米	導輪軸	102×229　146×152
煙管	66.1 平方米	動輪軸	165×203　191×159
火室	7.8 平方米	従輪軸	133×216　146×165
運転整備ノトキ機関車重量	48.00 瓲	制動機ノ種類	空気制動機及手用制動機
運転整備ノトキ動輪上重量	23.70 瓲	聯結器ノ種類	柴田式自動聯結器
空車ノトキ機関車重量	36.00 瓲		
水槽容積	6.20 立方米		
燃料槽ノ容積	2.95 立方米		

製造所名	製造年月	代価	前所有者	旧番号	記事
ダブスホールソン	明治33年	12801.01	鉄道省	1113	

●７形（７）

７形７は、1900（明治33）年に英国ダブス社で製造された2Bテンダー機（製番3967）、6270形6279（鉄道作業局D9形629）がその前身。1927（昭和２）年に浜松工場で2B1タンク機（1070形1113）に改造したものを、夕張鉄道が1940（昭和15）年に譲り受けた。軸配置2B1、重量48.00t、全長11,381mm、動輪径1,520mm、固定軸距2,541mm、シリンダー406×610mm。

平和炭鉱の開坑により輸送量が増加していた貨物列車に11形を振り向け、その代替の混合列車用として入線した。

入線後間もない1941（昭和16）年１～６月に、それまで貸与されていた後述の９形９と交換する形で定山渓鉄道に貸出されたこともある。返還後は補助水槽車のミ１形を連結して新夕張～野幌間の混合列車を牽引するなど活躍したが、1960（昭和35）年に廃車された。

●９形（９）

９形９は、1929（昭和４）年に平和炭鉱の開坑に際して筑波鉄道９号機を譲り受けたもの。1926（大正15）年に製造された汽車製造（製番870）の標準設計機関車で、同型機が胆振縦貫鉄道、能登鉄道、三岐鉄道等に13両配置された。

軸配置1C1、重量44.82t、全長9,928mm、動輪径1,118mm、固定軸距2,946mm、シリンダー381×559mmと、１形と同等のサイズの機関車で、１形と同様に夕張地区の入換や小列車に使用された。

1940（昭和15）年４月11日から約10ヶ月の間、定山渓鉄道に貸出されたが、前述の７形７と交換する形で返還された。その後1942（昭和17）年には空気ブレーキ化改造が行われたものの、同年に同じ北炭系の天塩鉄道の開業に際し、同鉄道へ譲渡されている。

■車両竣工図表　夕張鉄道９形（車両図面部分のみ）　　資料所蔵：奥山道紀

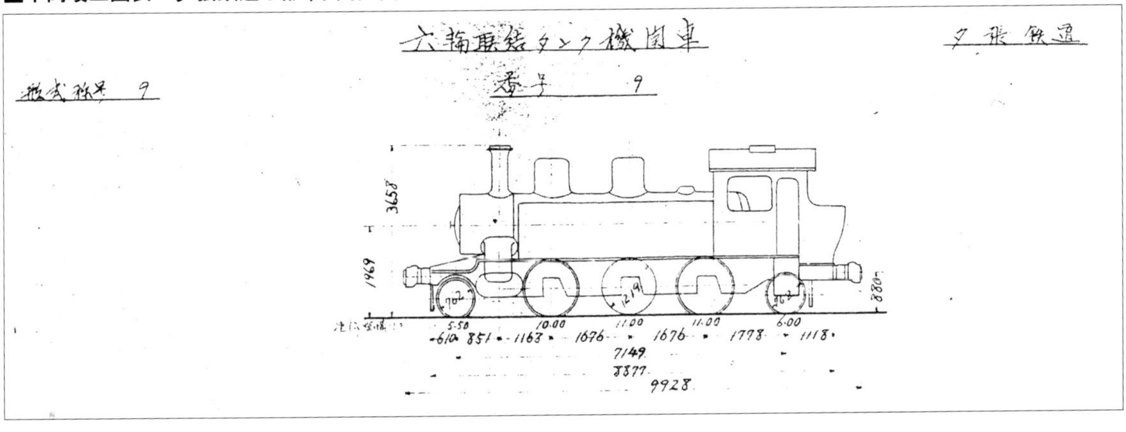

21形唯一の夕張鉄道新造機である21号機。廃車後は栗山町で保存されている。後部に見えるのはコッペル1号。
1963.8　鹿ノ谷機関区　P：中西進一郎

1.3 個性豊かなキューロク

●21形(21～28)

21形は国鉄9600形の同型機(新造車)が1両と、国鉄払下げ機7両が在籍していた。戦時輸送体制の強化に伴い11形より強力な機関車として、まず新造車1両が1941(昭和16)年に入線、戦後の石炭増産に対応して1948～1964(昭和23～39)年にかけて、国鉄からの払下げにより7両が増備された。

軸配置1D、機関車重量59.83～62.52t、全長16,563～16,662mm、動輪径1,260mm、固定軸距4,572mm、シリンダー508×610mm、全伝熱面積153.6～163.6m^2と、同じ21形同士でも製造年などによって若干仕様の違いがみられる。

パイプ煙突に改造されていた22号機は、後に北炭真谷地専用鉄道に転出している。
1965.4.30　鹿ノ谷機関区　P：荻原二郎

21形22号機。22～28号機は国鉄より9600形を譲り受けたもので、22は旧国鉄9682号。　1963.8　鹿ノ谷機関区　P：中西進一郎

21は、1941(昭和16) 年に川崎車輌(製番2530) で製造された自社発注機で、昭和に入ってから製造された9600形同型機として、三菱鉱業大夕張鉄道３・４号、同美唄鉄道５号に並ぶ数少ない事例であり、そのなかでも最後に製造された１両であった。砂箱やキャブ形状が国鉄機と異なる。

22以降はいずれも国鉄9600形のうち川崎造船所製のものを譲り受けたもので、以下の製造番号は川崎造船のものを示す。22は1915(大正４) 年製・製造番号221の国鉄9682を1949(昭和24) 年に譲り受けたもので、パイプ煙突に改造されていた。1971(昭和46) 年に北炭真谷地専用鉄道へ転出している。

23は、1914(大正３) 年製・製造番号87の国鉄9614を1956(昭和31) 年に譲り受けたもので、最終配置は岩見沢区であった。9600形の中でも特に初期に製造されたグループで、Ｓ字形状のキャブ下部や、大煙管が１本少なく小煙管が８本多いなどの特徴がある。1971(昭和46)年廃車。

21形23号機は旧国鉄9614号(最終配置：岩見沢区)で、初期の9600形に見られるS字を描いたキャブ裾が特徴。
1964.2.8　新二岐　P所蔵：江別市郷土資料館

21形24号機は旧国鉄9645号（最終配置：旭川区）で、後に北炭真谷地専用鉄道に転出。　1968.8.18　鹿ノ谷機関区　P：荻原俊夫

テンダー側から見た24号機
1968.8.18　鹿ノ谷機関区
P：荻原俊夫

24は1914（大正３）年製・製造番号154の国鉄9645を1960（昭和35）年に譲り受けたもので、最終配置は旭川区であった。1969（昭和44）年に北炭真谷地専用鉄道に移った。

25は、1921（大正10）年製・製造番号693の国鉄49694を1961（昭和36）年に譲り受けたもので、最終配置は鷲別区だった。火室にアーチ管がなく、若干伝熱面積が少ない。

21形25号機は旧国鉄49694号（最終配置：鷲別区）。
1971.10.10　若菜　P：伊藤保則

21形26号機は旧国鉄29674号(最終配置：田端区)。背後に鹿ノ谷名物のアメリカ型の給炭塔が立つ。
1972.7　鹿ノ谷機関区　P：鈴木写真変電所

21形27号機は旧国鉄49636号。
1971年頃　若菜　P所蔵：花田政光

21形28号機は旧国鉄49650号(最終配置：長岡一区)。
門鉄デフに類似した除煙板下部の欠取が特徴。
1972.7　鹿ノ谷機関区　P：鈴木写真変電所

26は、1919(大正８)年製・製造番号442の国鉄29674(最終配置田端区)を1962(昭和37)年に譲り受けたもの。

27は、1920(大正９)年製・製造番号589の国鉄49636を1963(昭和38)年に譲受したもの。25と同じく火室にアーチ管がなく、若干伝熱面積が少ないものであった。

最後の増備機である28は、1920(大正９)年製・製造番号603の国鉄49650(最終配置長岡一区)を1964(昭和39)年に譲受したもので、夕張鉄道譲渡後に前照灯のシールドビーム化・動力逆転機化・除煙板下部の切取り・テンダー炭庫の両サイドの切欠きなどの改造が施された。

1965(昭和40)年頃には石炭消費の節減を目的として、21形へのギースル煙突装備などの近代化改造が計画されるが、蒸気機関車に対する新規投資は実現せず、1969(昭和44)年４月のＤＬ導入につながった。

11形に代わって貨物輸送の主力として長く使用され続け、廃線時には21、25～28の５両が残っていた。

21・24・25号が後述の通り各地に保存されている。

■車両竣工図表　夕張鉄道21形21号機

資料所蔵：奥山道紀

車輌竣工図表

形式称号　21

1D過熱テンダー機関車

番号　21

夕張鉄道

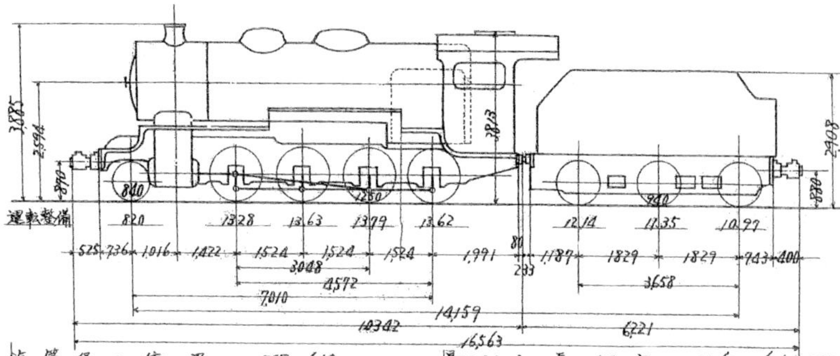

汽筩径及衝程	508×610	
実用最高汽圧	13.0	瓩/平方糎
火床面積	2.32	平方米
傳熱面積	119.3	平方米
焔管	108.4	平方米
火室	10.9	平方米
過熱面積	35.2	平方米
運転整備ノトキ機関車重量	62.52	瓲
運転整備ノトキ炭水車重量	34.46	瓲
運転整備ノトキ働輪上重量	54.32	瓲
空車ノトキ機関車重量	55.75	瓲
空車ノトキ炭水車重量	15.24	瓲
水槽容積	13.0	立方米
燃料槽容積	6.0	立方米

最大寸法（長×幅×高）	16,563×2,616×3,885	
焔管（径×長×数）	51×4,039×126	
過熱大焔管（径×長×数）	133×4,039×22	
車軸（径×長）	ジョーナル	ホキールフイット
導輪軸	140×204	158×162
第一働輪軸	190×235	216×196.5
第二四働輪軸	190×267	216×171.5
第三働輪軸	202×235	229×196.5
炭水車軸	127×228	170×150
制動機ノ種類	空気制動機	
聯結器ノ種類	柴田式	

製造所名	製造年月	代價	前所有者	旧番号	記事
川崎車輌株式会社	16年9月				省9600形式

■車両竣工図表　夕張鉄道21形23号機

資料所蔵：奥山道紀

車輌竣工図表

形式称号　21

1D過熱テンダー機関車

番号　23

夕張鉄道

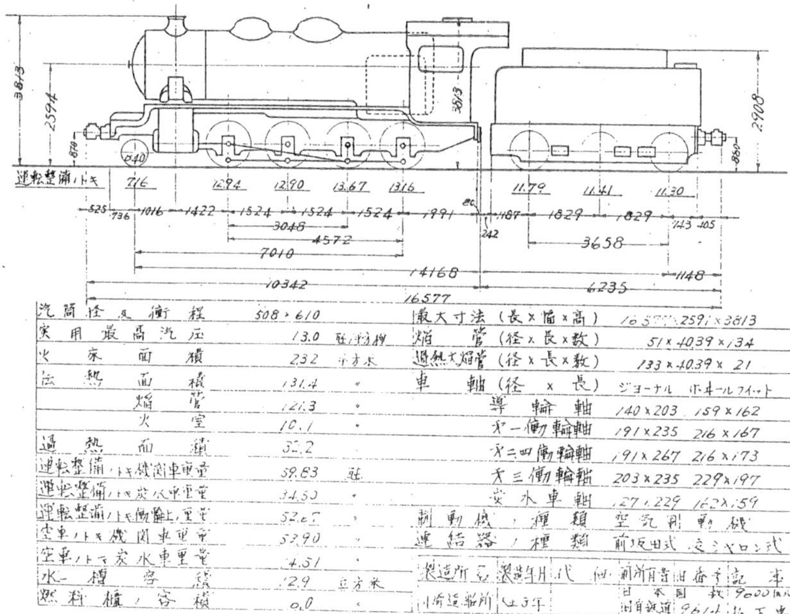

汽筩径及衝程	508×610	
実用最高汽圧	13.0	瓩/平方糎
火床面積	2.32	平方米
伝熱面積	131.4	〃
焔管	121.3	〃
火室	10.1	〃
過熱面積	32.2	
運転整備ノトキ機関車重量	59.83	瓲
運転整備ノトキ炭水車重量	34.50	〃
運転整備ノトキ働輪上重量	52.67	〃
空車ノトキ機関車重量	53.90	〃
空車ノトキ炭水車重量	14.51	〃
水槽容積	12.9	立方米
燃料槽ノ容積	6.0	〃

最大寸法（長×幅×高）	16577×2591×3813	
焔管（径×長×数）	51×4039×134	
過熱大焔管（径×長×数）	133×4039×21	
車軸（径×長）	ジョーナル	ホキールフイット
導輪軸	140×203	159×162
第一働輪軸	191×235	216×167
第二四働輪軸	191×267	216×173
第三働輪軸	203×235	229×197
炭水車軸	127×229	162×159
制動機ノ種類	空気制動機	
連結器ノ種類	前坂田式	交シャロン式

製造所名	製造年月	代価	前所有者	旧番号	記事
川崎造船所	大3年		日本国鉄 胆振鉄道	9611 [illegible]	9000形式 払下車

21形28号機を先頭にした石炭列車。野幌行の機関車は正位を向いていた。 1969.2.27 鹿ノ谷 P：西村雅幸

■夕張鉄道蒸気機関車一覧表

資料作成：奥山道紀

形式	番号	軸配置	製造年月	製造所	製番	旧番号	最大寸法(mm)			整備重量(t)	設計・譲受認可	竣功届	譲渡・廃車日	譲渡・保存先
							長さ	高さ	幅					
1	1	1C1t	1925(大14)	Koppel	11001	新製	9,704	3,869	2,640	43.32	1925(大14).6.22	1925(大14).8.26	1965(昭40).5.20	
	2	1C1t	1925(大14)	Koppel	11002	新製	9,704	3,869	2,640	43.32	1925(大14).6.22	1925(大14).8.26	1965(昭40).5.20	
11	11	1D	1926(大15).8	日立笠戸	203	新製	15,438	3,887	2,600	73.33	1926(大15).10.7	1926(大15).10.9	1969(昭44).4.14	
	12	1D	1926(大15).8	日立笠戸	204	新製	15,438	3,887	2,600	73.33	1926(大15).10.7	1926(大15).10.9	1975(昭50).4.1	保存・江別市
	13	1D	1926(大15).8	日立笠戸	205	新製	15,438	3,887	2,600	73.33	1926(大15).10.7	1926(大15).10.9	1969(昭44).4.14	
	14	1D	1927(昭2).3	日立笠戸	238	新製	15,438	3,887	2,600	73.33	1928(昭2).4.6	1928(昭2).4.26	1971(昭46).10.11	保存・夕張市
6	6	C1t	1905(明38)	Baldwin	26207	国鉄2613	10,414	3.808	2.438	49.97	1926(大15).11.9	1927(昭2).2.12	1964(昭39).5.6	
7	7	2B1t	1900(明33) 1927(昭和2)改	Dübs/ 浜松工場	3967	国鉄1113	11,381	3,808	2,740	48.00	1940(昭15).4.12	1940(昭15).6.25	1960(昭35).7.21	
9	9	1C1t	1926(大15).3	汽車製造	870	筑波9	9,928	3,658	2,654	44.82	1939(昭14).2.22	1939(昭14).7.31	1942(昭17).4.18	天塩鉄道9
21	21	1D	1941(昭16).9	川崎車両	2530	新製	16,563	3,885	2,616	96.98	1940(昭15).1.18	1941(昭16).9.30	1975(昭50).4.1	保存・栗山町
	22	1D	1915(大4).11	川崎造船	221	国鉄9682	16,662	3,813	2,616	94.85	1949(昭24).3.31	1949(昭24).3.21	1971(昭46).6.8	北炭真谷地22
	23	1D	1914(大3).1	川崎造船	87	国鉄9614	16,577	3,813	2,591	94.33	1956(昭31).1.5	1956(昭31).1.31	1971(昭46).3.13	
	24	1D	1914(大3).12	川崎造船	154	国鉄9645	16,577	3,813	2,740	94.85	1960(昭35).10.19	1960(昭35).11.21	1969(昭44).5.7	北炭真谷地24/保存・深川市
	25	1D	1921(大10).10	川崎造船	696	国鉄49694	16,563	3,813	2,638	94.85	1961(昭36).8.8	1961(昭36).9.28	1975(昭50).4.1	保存・長沼町
	26	1D	1919(大8).3	川崎造船	442	国鉄29674	16,563	3,813	2,616	94.85	1962(昭37).6.19	1962(昭37).7.14	1975(昭50).4.1	
	27	1D	1920(大9).7	川崎造船	589	国鉄49636	16,609	3,813	2,616	94.85	1963(昭38).6.17	1963(昭38).8.1	1975(昭50).4.1	
	28	1D	1920(大9).9	川崎造船	603	国鉄49650	16,662	3,813	2,744	94.85	1964(昭39).9.7	1964(昭39).9.28	1975(昭50).4.1	

●改造・特殊装備・特徴など

1：1927(昭和２)年２月16日設計変更認可　空気制動機一式取付　「簡易排雪装置(S)」「補助水槽車ミ１連結」

2：1930(昭和５)年９月３日設計変更認可　空気制動機一式取付　「補助水槽車ミ１連結」

11：1934(昭和９)年10月10日設計変更認可　空気溜移設→1954(昭和29)年５月４日　重油併燃・消煙装置取付(運転整備重量74.13t)
→1956(昭和31)年12月25日蒸気制動撤去　「連結器開錠装置装備」

12：1934(昭和９)年10月10日設計変更認可　空気溜移設→1956(昭和31)年12月25日蒸気制動撤去　「連結器開錠装置装備」

13：1934(昭和９)年10月10日設計変更認可　空気溜移設→1956(昭和31)年12月25日蒸気制動撤去　「連結器開錠装置装備」

14：1934(昭和９)年10月10日設計変更認可　空気溜移設→1956(昭和31)年12月25日蒸気制動撤去　「連結器開錠装置装備」

6：「密閉キャブ」

7：「補助水槽車ミ１連結」

9：1942(昭和17)年１月26日設計変更認可　空気制動機一式取付

21：「簡易排雪装置(L)」「連結器開錠装置」「蒸気溜嵩上げ」

22：「簡易排雪装置(S)」「連結器開錠装置」「パイプ煙突」

23：「連結器開錠装置」「Sキャブ」

24：「連結器開錠装置」

25：「簡易排雪装置(S)」「連結器開錠装置」「蒸気溜嵩上げ」

26：「簡易排雪装置(L)」「連結器開錠装置」「蒸気溜嵩上げ」

27：「連結器開錠装置」「蒸気溜嵩上げ」

28：「除煙板下部の切取」「切欠きテンダー」「動力逆転機装備」「前照灯LP405 一灯」「連結器開錠装置」

※「簡易排雪装置」の(L)(S)はシリンダーサイズ

Column　喚呼応答「錦沢の□・ヨシ！」 サミットを克服せよ

平和からは後部補機が付き、錦沢へのサミットに挑む。栗山には転車台がないため、本務機は逆機となる。　1971.6　P：伊藤保則

1970(昭和45) 年頃には既に炭鉱合理化が進んでいたが、北炭平和炭鉱の石炭輸送を中心に21(国鉄9600) 形21～23・25～28、11形12、そして1969(昭和44)年に導入された新鋭のＤＤ1001・1002が活躍していた。

夕張鉄道は野幌から栗山までは石狩平野の穀倉地帯を横断、栗山からは阿野呂川に沿い夕張を目指す。新二岐から平和の間で夕張山地の西縁を横断する事から、３本の隧道と錦沢の三段式スイッチバックでこれを克服した。

縦断勾配図によると夕張鉄道の上り列車は夕張本町～平和間の5.8kmで、標高にして約67m駆け下りる。すり鉢の底のような平和から第三隧道入口までの0.8kmで約15mよじ登る。サミットの第三隧道からは、錦沢のスイッチバックを通り新二岐までの約10.4kmで一気に約191.5mも下る。片勾配で石炭を満載した貨車が坂を下る炭鉱鉄道が多い中、夕張鉄道には峠が存在した。

石炭産業の合理化の進展とともに、輸送部門の合理化も要請され様々取り組みがなされた。輸送の隘路となる平和～錦沢間は「ディーゼル機関車のけん引定数換算55両、21号型のけん引定数換算40両と合わせて95両を仮想勾配を利用して運転する区間」(「ＳＬの歩みを」 岡垣幸一　運転協

■野幌新夕張間線路縦断面図　資料所蔵：奥山道紀

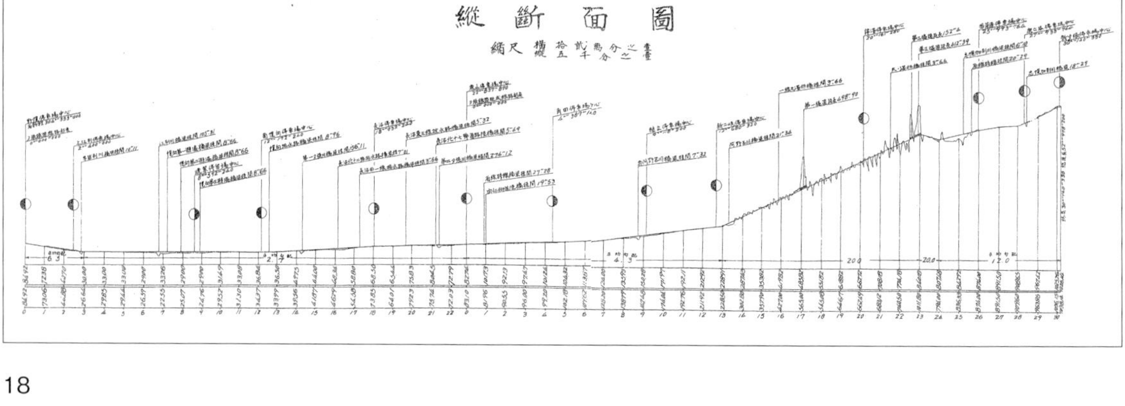

会誌138・1970.12）とし、錦沢スイッチバックの有効長も1972（昭和47）年には「第1テールの有効長を延長」してけん引定数の増大を図った（元機関士・花田政光氏）。

石炭満載のセキ車21両、945 t にも及ぶ列車を運行するため、石炭列車の前後に機関車を連結、一旦若菜方に退行し助力を付け峠に挑み、野幌起点46.5km地点で補機を解放するという特殊な運行方法が採用された（「平和～錦沢間46.5キロメートル付近で列車の運転中解放する上り列車の後部補助機関車は、タブレット閉そく機鎖錠用鍵を携帯する」昭和29年6月23日・鉄運第75号）。

そのため、21形には連結器解錠装置が装備されていた。この装置は、運転室の機関助手席での操作によりロッドや作用腕を動かして先頭部の連結器の錠を解除するもので、21形全機が装備して補機仕業に使用されていた。21形だけでなく11形にも装着されたが、21形が主力となったことから撤去された。

逆に返空セキ車とは云え、夕張方面への下り列車では20‰の勾配が連続する錦沢前後で蒸気機関車の力闘が見られた。

（参照：夕張鉄道11形明細図面集「特殊装備と11形」赤城英明　モデルワーゲン　1997年）

■機関車乗務員運行並びに交番　42.10.1改正　資料所蔵：奥山道紀

交番		出勤時間	夕張本町　鹿ノ谷　若菜　平和　四十六粁　角田　新二岐　栗山　北長沼　野幌	終業時間	勤務時間	走行粁（入換除く）
1	不	5.15		9.39 5	4.24	30.8
	甲	9.00		18.33 5	9 33 5	102.2
	乙	17.37		22.58 5	5, 21 5	51.1
2	甲	5. 35		12.25	6, 50	56.2
	乙	11, 50		22.41 5	10. 51 5	102.2
3	甲	9, 45		16.35	6, 50	51.1
	乙	18, 10		23.46	5, 36	56.2
4	甲	7. 25		16.25 5	9, 00 5	66.0
	乙	15, 20		22.31 5	7, 11 5	56.2
5	甲	4. 40		11.55	7, 15	14.6
	乙	11, 25		20.44 5	9, 19 5	16.4
6	甲	6. 25		13.40 5	7, 15 5	40.2
	乙	13. 05		18.10 5	5. 05 5	30.8
7	甲	7. 40		13.20 5	5. 40 5	8.2
	乙	12, 05		18.10 5	6, 05 5	4.0

不定期除く 5945
割 15
655.4K
107'56'

5交番甲・乙に46.5km地点への補機仕業が読み取れる。

鹿ノ谷に到着する野幌からの貨物列車。24号機の次位は北炭真谷地専用鉄道の5051号機。隣では入換の13号機が待機。札幌の整備工場へは真谷地や三菱大夕張鉄道の機関車も夕鉄線経由で送られた。　1963.8　鹿ノ谷　P：中西進一郎

1969(昭和44)年に新製投入された、国鉄DD13形ベースのDD1000形1001号機。　1970年頃　鹿ノ谷機関区　P：石田　司

2．内燃機関車

●DD1000形(DD1001・1002)

貨物輸送の合理化に伴い、1969(昭和44)年に日立製作所で２両が製造され、４月４日に入線した。

冬季の厳寒期対策(－27℃)と、線内最大勾配である22.7‰において960tの荷重を牽引するという使用条件に合わせ、国鉄DD13形後期車をベースにしながらも機関(変速機)はDMF31SB形にインタークーラーを取り付けたDMF31SBI(DBS138)形を採用、出力がDD13形の500PSから600PSにアップされているほか、大容量の機関予熱器や運転室の暖房・防寒強化など寒冷地対策もなされた。台車はDT-113形式で、ボンネットの形状もDD13形に比べて簡易なものとなっている。

■車両竣工図表　夕張鉄道DD1000形　　資料所蔵：奥山道紀

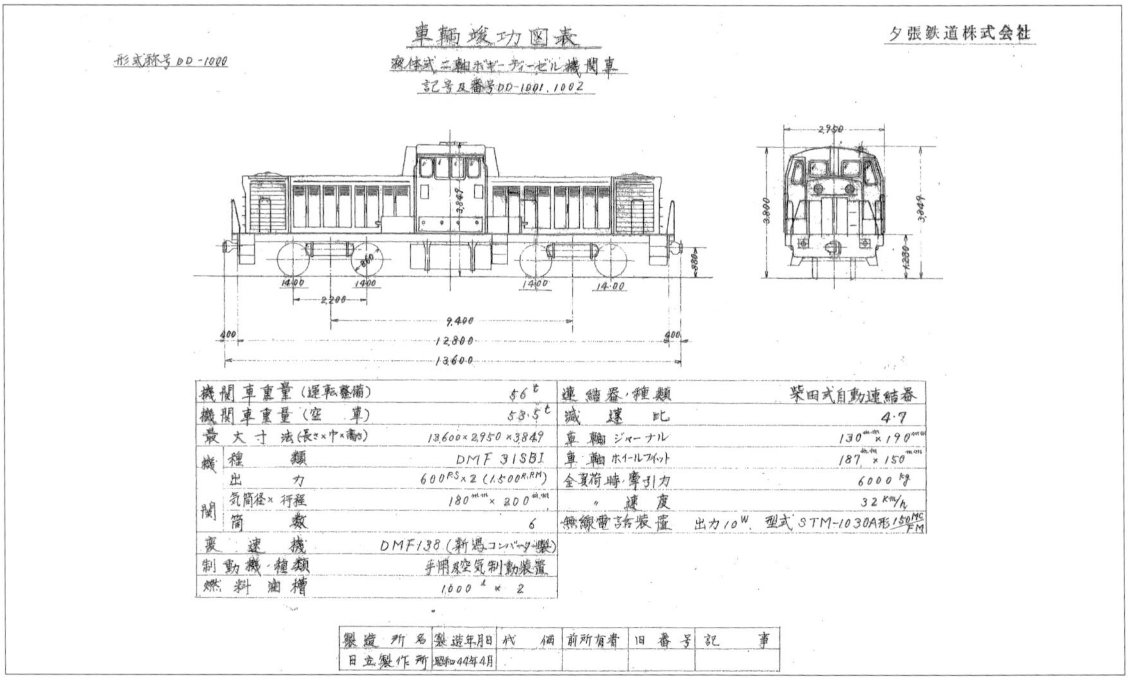

車輌竣功図表　夕張鉄道株式会社

形式称号DD-1000

液体式二軸ボギーディーゼル機関車

記号及番号DD-1001.1002

機関車重量(運転整備)	56t	連結器・種類	柴田式自動連結器
機関車重量(空車)	53.5t	減速比	4.7
最大寸法(長さ×巾×高さ)	13,600×2,950×3,849	車軸ジャーナル	130mm×190mm
機関 種類	DMF 31SBI	車軸ホイールフイット	187mm×150mm
機関 出力	600PS×2(1,500R.P.M)	全負荷時牽引力	6000kg
機関 気筒径×行程	180mm×200mm	〃 速度	32km/h
機関 筒数	6	無線電話装置	出力10W. 型式STM-1030A形150MC FM
変速機	DMF138(新潟コンバーター製)		
制動機・種類	手用及空気制動装置		
燃料油槽	1,000ℓ×2		

製造所名	製造年月日	代価	前所有者	旧番号	記事
日立製作所	昭和44年4月				

また、1969(昭和44)年10月28日設計変更認可でトンネル通過時の防護用として、ボンネットに逆U字状のツララ切りを装備した。

21形とともに石炭列車を牽引したが、1975(昭和50)年４月の路線廃止に伴い1001は北炭化成工業所専用鉄道(若菜辺)、北炭清水沢専用線を経て最終的に釧路開発埠頭に、1002は北炭真谷地専用鉄道にそれぞれ譲渡された。なお、羽幌炭礦鉄道のDD1301は同型機である。

3. 蒸気動車

●キハニ1(1)

国鉄湧別線で使用されていた1912(明治45)年４月・汽車製造製の工藤式蒸気動車、キハニ6453(←ジハニ6058←ホジ6008)を旅客列車の増発用として1939(昭和14)年１月に借入、1941(昭和16)年に譲受してキハニ１としたものである

全長15,530mm、定員70人(座席44人)、荷重1t、自重24.80tの木造ボギー車で、動輪径860mm、固定軸距1,676mm(動台車)／1,680mm(従台車)、シリンダー178×385mm。車体は前部から動台車とボイラーのある運転室、手荷物室、３等客室、出入台兼後部運転室の配置で、座席はロングシートとクロスシートの組合わせであった。

新夕張～野幌間で使用されたが、勾配には不向きであったためあまり使用されず、1943(昭和18)年２月に同系の天塩鉄道に譲渡されている。

天塩鉄道では1944(昭和19)年に客車化されているが、現車は鉄道省ホハ12000形となっていて、客車化、および客車との現車振替の時期などは不明である。

■夕張鉄道ディーゼル機関車一覧表　　資料作成：奥山道紀

形式	番号	製造年月	製造所	機関	台車	最大寸法(mm)			整備重量(t)	設計・譲渡認可	竣功届	譲渡・廃車日	譲渡・保存先
						長さ	高さ	幅					
DD1000	1001	1969(昭44)	日立笠戸	DMF31SB(600×2)	日立DT103	13,600	3,850	2,950	56	1969(昭44).3.31	1969(昭44).4.7	1975(昭50).4.1	北炭若菜辺専用鉄道
	1002	1969(昭44)	日立笠戸	DMF31SB(600×2)	日立DT103	13,600	3,850	2,950	56	1969(昭44).3.31	1969(昭44).4.7	1975(昭50).4.1	北炭真谷地専用鉄道

※DD1001・1002：1969(昭和44)年10月28日設計変更認可・ボンネットにツララ切設置

■夕張鉄道蒸気動車一覧表　　資料作成：奥山道紀

形式	番号	製造年月	製造所	最大寸法(mm)			整備重量(t)	定員(座席)	設計・譲渡認可	竣功届	譲渡・廃車日	譲渡・保存先
				長さ	高さ	幅						
キハニ1	1	1912(明45).4	汽車製造	15,530	3,885	2,640	24.8	70(44)	1941(昭16).6.23	1941(昭16).9.10	1943(昭18).2.13	天塩鉄道

■車両竣工図表　夕張鉄道キハニ１形　　資料所蔵：奥山道紀

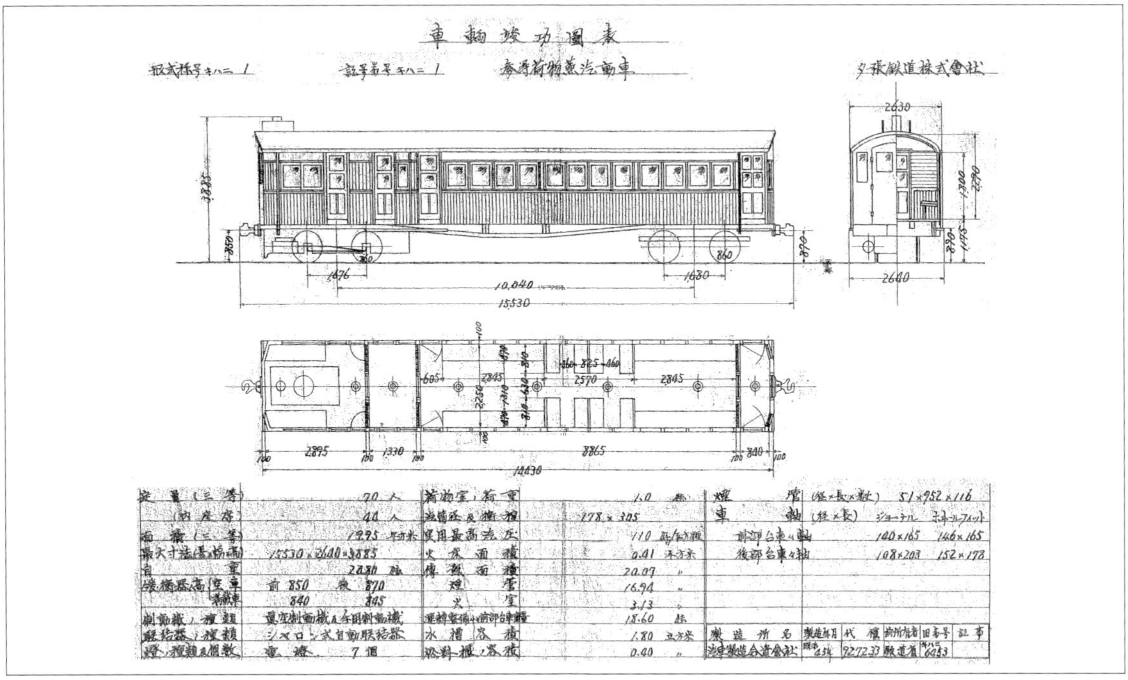

キハ200形201を先頭に走る夕張本町行の下り気動車列車。　1964.5　野幌バス停留場付近　P所蔵：江別市郷土資料館

4. 気動車

夕張鉄道では戦前より気動車の導入計画があり、日本車両東京支店製のキハ41000形と同型車両の入線が検討されたが、実際に気動車が入線したのは戦後になってからであった。

●キハ200形(201・202)

夕張鉄道は炭鉱都市として賑わった夕張市と札幌～小樽地区を最短距離で結んだことから、旅客輸送の改善にも積極的だった。

キハ200形201・202は、1952(昭和27)年新潟鉄工所製の機械式半鋼製2軸ボギー車で、国鉄キハ07形気動車とほぼ同一設計である。機関は新潟ＬＨＸ8形、変速機機械式4段で、台車は菱枠型。

「ヂーゼル動車増備理由書」(1952年2月25日)によれば「近時石炭価格高騰・暴騰し、弊社とおいてもこの例にもれず従って何等かの打開の道を見出すべき必要に迫られ種々考究の結果今般『ヂーゼル』動車運転の計画を樹立差当り弐両増備の上これを実施」と記している。

同年4月20日付けの「夕張タイムス」では4月15日試運転開始、5月1日より営業運転開始と報じられているが、書類的には設計認可が4月23日、5月20日竣功届となっている。

夕張鉄道では気動車導入に際して、当時機械式気動車の配置のあった国鉄室蘭機関区に職員を研修に派遣

竣功当時のキハ201室内。国鉄キハ07形に準じた設計で、この後中央の客扉を埋め2扉化された。　P所蔵：柴原新平

竣功当時のキハ201の運転台機器。　P所蔵：柴原新平

したが当初は室内暖房、動力伝達装置、燃料凍結などトラブルも多かった。

後に社長も務めた古屋　源氏は「毎日のように出庫した動車が故障して帰り、朝まで修繕して、また出庫することを繰返しているうちに、誰がいうことなく“暁に祈る”という言葉が生まれた」(運転協会誌『あの線この線　石炭に明け、石炭に暮れる夕張・夕張鉄道線』P70・71　1969.2　日本鉄道運転協会)と述懐している。

若菜駅に停車するキハ202。前面窓や側窓上段がHゴム支持に改造されている。
1969.3　若菜　P：寺田牧夫

動力伝達装置の故障対策として「当社の路線状況、寒冷地には不向きな車両であったため、製作会社との再三再四の協議により、それぞれの部品の設計変更で対応したが、結論は、機関から車輪に動力が伝達される過程で、車輪とレールとの粘着力がスリップした時、最大から最小に大きく変化を繰り返し、ねじれ振動となって一部品の強度を増すと、次の部品が破壊することの繰返しが判明した。そのねじれ振動を緩和するために機関とクラッチの間に液体継手(21吋ハイドロリック・カップリング ※筆者注・新潟21HUC形) を取付けることによって問題を解消することができた」(『夕張文化No.51』「ゆうてつ ありし鉄道の思い出をたどって」P10　古屋源　2006.3　夕張市文化協会刊)等、夕鉄技術陣の努力により、故障等のトラブルはひとつずつ解決された。

導入当初は３扉だったが、1960(昭和35) 年３月24日改造認可で中央扉を埋め、室内中央部をビニール張りの転換クロスシートに、側窓上部をHゴム使用の固定式とした。

キハ200形導入後半年の運行成績を検証したところ、1kmあたりの運転経費は74銭で、蒸気機関車牽引列車の1円54銭に比して半減以下という好成績を示した。

■車両竣工図表　夕張鉄道キハ200形　２扉化後の姿を示す　　資料所蔵：奥山道紀

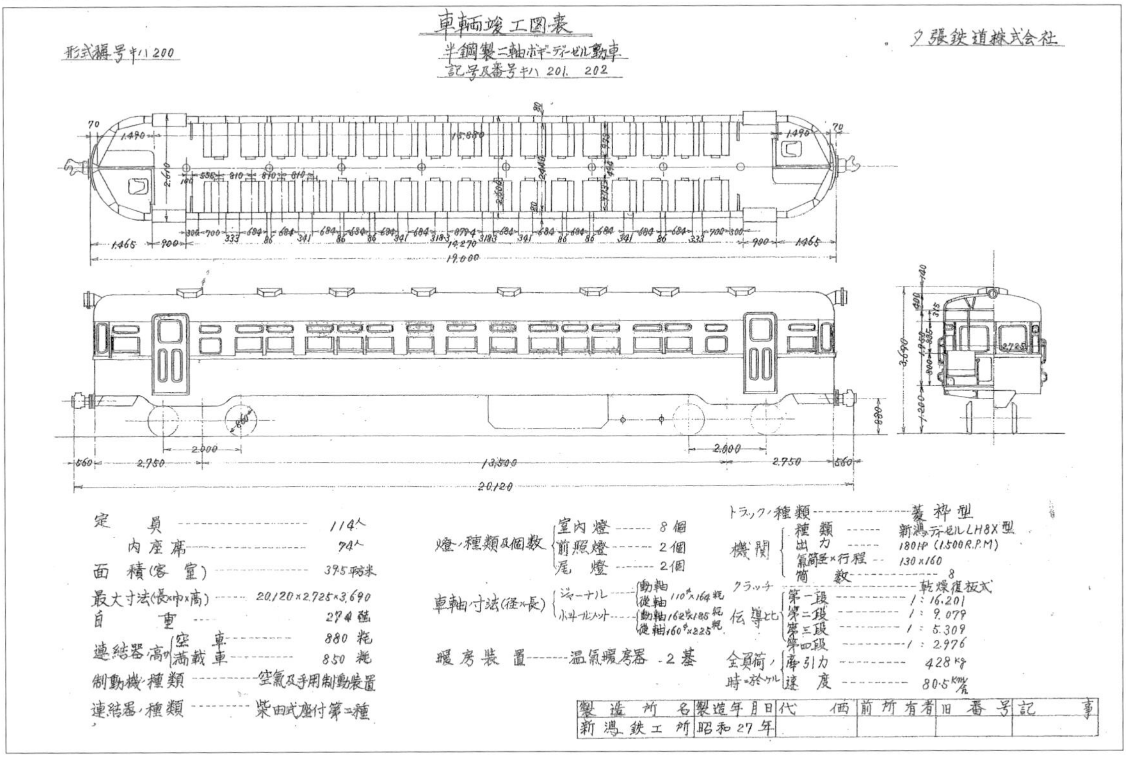

気動車２両編成。手前が大窓側面のキハ251、２両目は片運化の形跡からキハ252または253と思われる。

1966.9.21　鹿ノ谷機関区　P：川村高志

●キハ250形(251)

●キハ252形(252～254)

→キハ252形・キハ253形・キハ254形

キハ200形の好成績を受けて、半鋼製２軸ボギー液体式気動車のキハ250形が計４両増備された。

最初にキハ251は1953(昭和28)年８月新潟鉄工所製。北海道初の新鋭液体式気動車であり、10月７日には国鉄千歳線上で公開試運転も行われ、道内に於ける液体式気動車導入のパイオニアとなった。

全長20m級の両運転台車で、正面は湘南型。エンジンはDMH17B、変速機DF115、台車は菱枠型である。

1955～1956(昭和30～31)年にかけて増備されたキハ252・253・254の３輌はキハ251とは座席配置と窓配置が異なるため、別形式のキハ252形とされた。

後にキハ252と253は向きの異なる片運転台改造が施され、各車がそれぞれ別形式となった。その後の経緯については後述する。

■車両竣工図表　夕張鉄道キハ250形251　　資料所蔵：奥山道紀

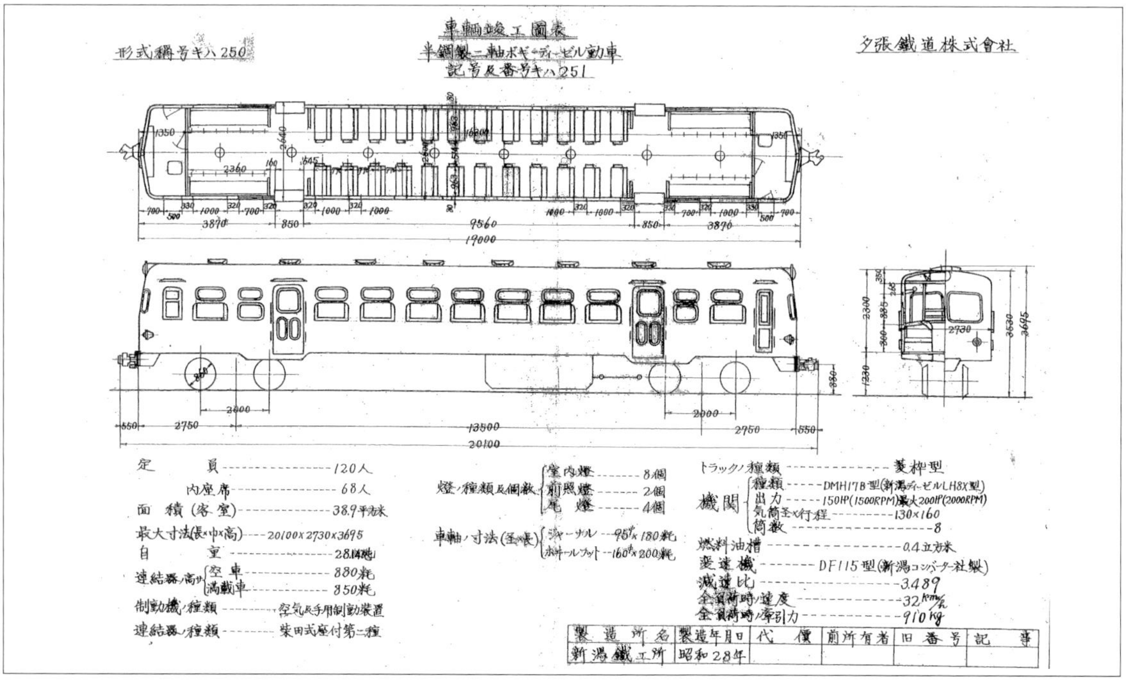

側面小窓で、片運転台化の経歴なく両運のまま残ったキハ254。
1968.8.18　鹿ノ谷　P：荻原俊夫

転換クロスシートの並ぶキハ251室内。撮影日は旅客営業の最終日であった。
1974.3.31　P所蔵：岡垣幸一

錦沢駅に停車するキハ252。隣はキハ253と思われ、いずれも車端部の切妻形状に片運転台時代の面影が残る。
1970.8.3　錦沢
P：伊藤保則

■車両竣工図表　夕張鉄道キハ252形252　片運転台化後の姿を示す

資料所蔵：奥山道紀

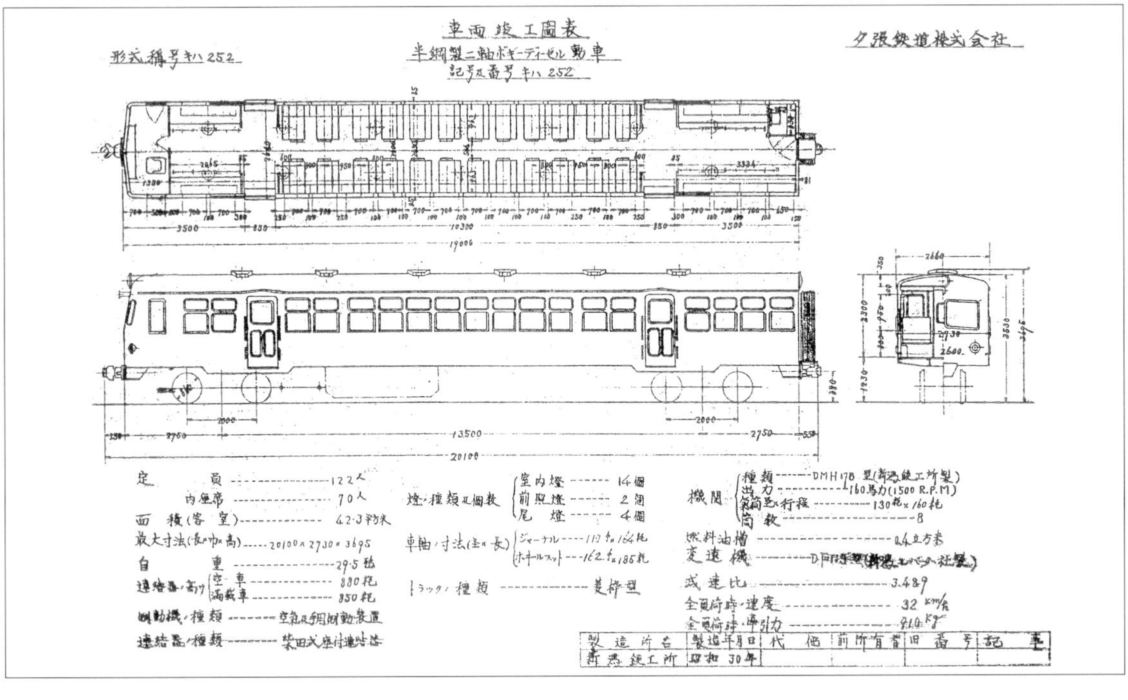

ナハニフを中間に挟んだキハ301とキハ302。キハ301とナハニフの下回りの塗色はマルーンのままである。　1962.8　鹿ノ谷　P：村松　功

●キハ300形(301・302)

最後の増備車両がキハ300形301・302で、1958(昭和33)年８月に新潟鉄工所で製作された。

キハ252形を片運転台式としたもので、地方鉄道としては初の片運転台車であり、競合する北海道中央バス・夕張バスが運行する札幌直通バスを意識し、旅客サービスとしてラジオ受信・放送設備を備えていた(貫通扉側屋根上にラジオ受信用アンテナを装備)。

エンジンはＤＭＨ17ＢＸ、変速機ＤＦ115、台車菱枠型。

夕張鉄道では総勢８両の気動車を擁した。導入後、それらの気動車には様々な改良が加えられた。機関は全車ＤＭＨ17Ｃに換装、予備エンジンを一基常備し、定期検査日数の短縮を図った。

暖房装置については「気動車の暖房は導入当初は、機関冷却水を車内に循環する温水暖房であったが、熱

■車両竣工図表　夕張鉄道キハ300形　　資料所蔵：奥山道紀

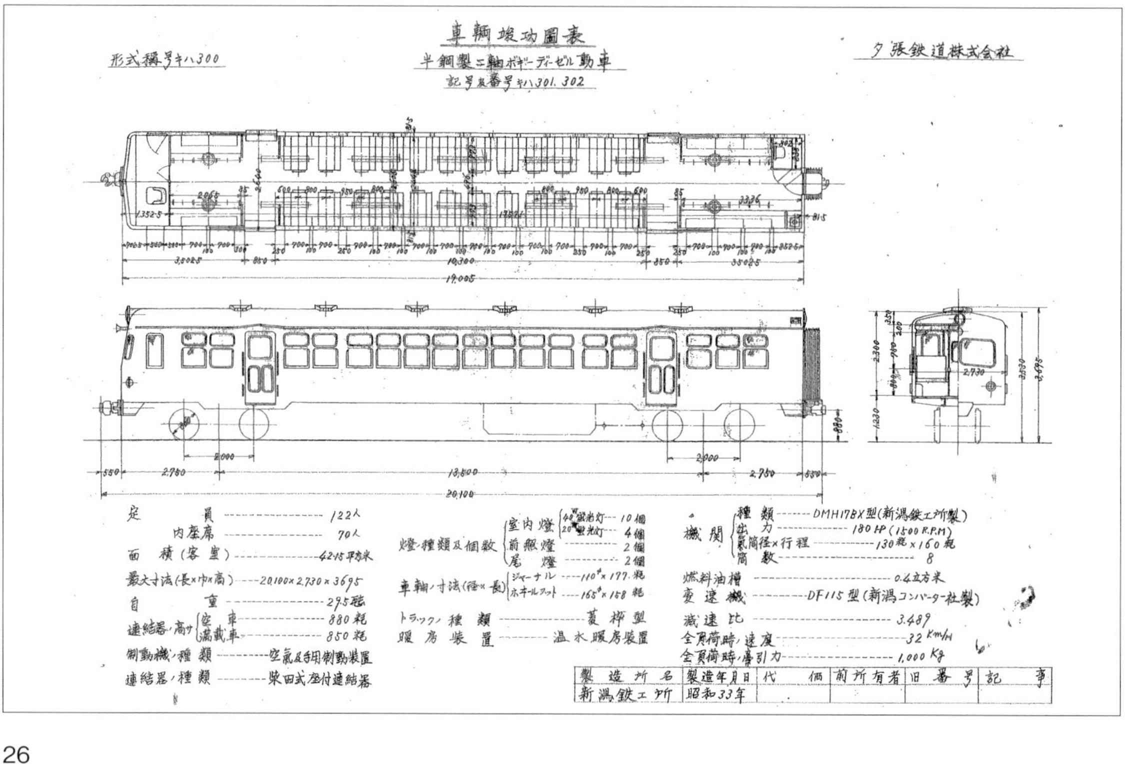

量不足に加えて、野幌に向かう列車は下り勾配が長く機関による力走時間が少ないため車内温度が上昇せず乗客に大変不評でした」(『夕張文化No.51』「ゆうてつありし鉄道の思い出をたどって」10頁　古屋　源　2006.3　夕張市文化協会刊)とあり、各車ウェバスト暖房装置に変更、さらにキハ200形以外は機関予熱器による温水式とした。

他にも座席の転換クロスシート化、キハ251以降の室内照明も白熱灯を蛍光灯に交換。また、一時期キハ251～254の端部座席を畳敷化し、囲碁コーナーに改造するなど積極的に旅客設備を改善した。

1962(昭和37)年にはキハ251の推進軸故障を契機に、キハ301・302を除き台車軸受をテーパーローラーからスフェリカルローラーに変更している。

塗色はキハ200形が、当初は窓下グリーン＋窓上クリームだったが、後に窓下が茶色からスカーレット(やや黄味の赤)に更新、他車の塗色も窓下茶色からスカーレットに順次更新された。

各車の諸元は下記、夕張鉄道気動車一覧表の通りである。

これらの気動車は単行や、ナハニフ100・150形の付随車化された客車を挟んだ、ＤＴＤ・ＤＴＤＤ編成などで活躍。お盆などの多客時にはＤＤＴＤＴＤ等の編成も見られ、昭和30年代を通じて夕張～野幌間の旅客輸送の主役を務め、1956・1957(昭和31・32)年の７・８月の海水浴シーズンには臨時列車として函館本線銭函駅まで乗入れた(銭函～南小樽間は回送)。

1961(昭和36)年９月には国鉄の準急「夕張」に対抗

夕張鉄道廃止により関東鉄道へ旅立つキハ251・254。関鉄ではキハ714・715となり、鉾田線(後の鹿島鉄道)で使用された。
1975年　鹿ノ谷(国鉄ホーム)　P所蔵：岡垣幸一

して急行列車も運行され、1967(昭和42)年４月の時刻表では国鉄準急の夕張～札幌駅間２時間22分に対し、夕張本町～札幌駅間(野幌で函館本線普通列車接続)を最短１時間39分で結んでいた。

だが炭鉱合理化に伴う沿線人口の減少やバス路線の発達より、旅客部門は縮小され1968(昭和43)年10月にキハ301・302が倉敷市交通局に、1971(昭和46)年11月夕張本町～栗山間旅客輸送廃止に伴いキハ252・253が水島臨海鉄道に譲渡された。

最後まで残ったのは両運転台車のキハ201・202・251・254だったが、1974(昭和49)年３月の旅客営業休止・1975(昭和50)年３月の夕張鉄道全線廃止によりキハ251・254が同年９月に関東鉄道に譲渡、キハ202も同年８月岩手開発鉄道に譲渡され、キハ201の部品を流用しキハ300形301となった。

■夕張鉄道気動車一覧表

資料作成：奥山道紀

形式	番号	製造年月	製造所	機関	台車	最大寸法(mm) 長さ	高さ	幅	整備重量(t)	定員(座席)	設計・譲受認可	竣功届	譲渡・廃車日	譲渡・保存先
キハ200	201	1952(昭27).4	新潟鉄工所	LH8X(180×1)	TR29	20,120	3,690	2,725	27.4	114(74)	1952(昭27).4.23	1952(昭27).5.20	1975(昭和50).4.1	岩手開発鉄道
	202	1952(昭27).4	新潟鉄工所	LH8X(180×1)	TR29	20,120	3,690	2,725	27.4	114(74)	1952(昭27).4.23	1952(昭27).5.20	1975(昭和50).4.1	岩手開発鉄道
キハ250	251	1953(昭28).8	新潟鉄工所	DMH17C(180×1)	TR29改	20,100	3,695	2,730	28.1	120(68)	1953(昭28).11.13	1953(昭28).12.10	1975(昭和50).4.1	関東鉄道→鹿島鉄道
	252	1955(昭30).9	新潟鉄工所	DMH17C(180×1)	TR29改	20,100	3,695	2,730	29.5	122(70)	1955(昭30).9.12	1955(昭30).9.30	1971(昭和46).11.15	水島臨海鉄道
	253	1956(昭31).11	新潟鉄工所	DMH17C(180×1)	TR29改	20,100	3,695	2,730	29.5	122(70)	1956(昭31).10.8	1956(昭31).11.12	1971(昭和46).11.15	水島臨海鉄道
	254	1956(昭31).11	新潟鉄工所	DMH17C(180×1)	TR29改	20,100	3,695	2,730	29.5	116(68)	1956(昭31).10.8	1956(昭31).11.12	1975(昭和50).4.1	関東鉄道→鹿島鉄道
キハ300	301	1958(昭33).8	新潟鉄工所	DMH17C(180×1)	TR29改	20,100	3,695	2,730	29.5	122(70)	1958(昭33).8.14	1958(昭33).8.29	1968(昭和43).7.1	倉敷市交通局→水島臨海
	302	1958(昭33).8	新潟鉄工所	DMH17C(180×1)	TR29改	20,100	3,695	2,730	29.5	122(70)	1958(昭33).8.14	1958(昭33).8.29	1968(昭和43).7.1	倉敷市交通局→水島臨海

●改造・特殊装備・特徴など

○キハ201：1957(昭和32)年７月16日設計変更認可・液体継手設置→1960(昭和35)年３月24日設計変更認可・二扉化　温水及び排気暖房からウェバスト暖房に変更・転換クロスシート設置→1962(昭和37)年7月17日車軸強化→1966(昭和41)年２月７日ウェバスト暖房強化→1969(昭和44)年12月８日運転台脇座席撤去

○キハ202：1957(昭和32)年７月16日設計変更認可・液体継手設置→1960(昭和35)年3月24日設計変更認可・二扉化　温水及び排気暖房からウェバスト暖房に変更・転換クロスシート設置→1962(昭和37)年７月17日車軸強化→1964(昭和39)年１月７日ウェバスト暖房強化→1969(昭和44)年12月８日運転台脇座席撤去

○キハ251：1957(昭和32)年７月16日座席一部畳敷化→1958(昭和33)年２月８日座席復旧・中間部転換クロスシート化→1960(昭和35)年５月12日 温水および排気暖房からウェバスト暖房に変更→1962(昭和37)年７月17日車軸強化→1964(昭和39)年７月29日暖房強化(温水)・蛍光灯化

○キハ252：扉間転換クロスシート　1957(昭和32)年７月16日座席一部畳敷化→1958(昭和33)年２月８日座席復旧→1961(昭和36)年３月１日設計変更認可・片側貫通化→1962(昭和37)年７月17日車軸強化→1963(昭和38)年７月４日ウェバスト暖房から温水式に変更・暖房強化・蛍光灯化→1966(昭和41)年２月11日設計変更認可・簡易運転台本設化

○キハ253：扉間転換クロスシート　1957(昭和32)年7月16日座席一部畳敷化→1960(昭和35)年2月23日座席復旧→1962(昭和37)年7月17日設計変更認可・片側貫通化、車軸強化→1963(昭和38)年11月8日ウェバスト暖房から温水式に変更・暖房強化・蛍光灯化→1966(昭和41)年２月11日設計変更認可・簡易運転台本設化

○キハ254：扉間転換クロスシート　1957(昭和32)年７月16日座席一部畳敷化→1958(昭和33)年２月８日座席復旧→1962(昭和37)年７月17日車軸強化→1963(昭和38)年８月９日ウェバスト暖房から温水式に変更・暖房強化・蛍光灯化

○キハ301：扉間転換クロスシート　ラジオ放送設備　1964(昭和39)年11月９日ウェバスト暖房から温水式に変更・暖房強化・蛍光灯化

○キハ302：扉間転換クロスシート　ラジオ放送設備　1964(昭和39)年11月９日ウェバスト暖房から温水式に変更・暖房強化・蛍光灯化

※キハ250形は後に各形式１両のキハ251形・252形・253形・254形に分離

※キハ251～254　機関DMH17B→DMH17Cに更新・キハ301～302　機関DMH17BX→DMH17Cに更新

※キハ252・253の座席畳敷部は囲碁等の娯楽設備を設置、251・254の使用実績は不明

5．客車

5.1　開業時の客車・鉄道省払下げ車

夕張鉄道では、開業に際し６両の木造ボギー客車を鉄道省より譲り受けた。いずれも北海道炭礦鉄道で使用されていた車両で、同鉄道の国有化により鉄道省の所有となっていたものである。

なお北海道炭礦鉄道時代の形式・番号については、識別しやすいよう「 」内に記載する。

●コトク１形(１)←コロ６形(６)←フコロ６形(６)

北海道炭礦鉄道「い２」として1893(明治26)年に手宮工場で製造されたダブルルーフの１等客車がその前身で、小樽市手宮の小樽市総合博物館本館(旧・北海道鉄道記念館)に保存されている北海道炭礦鉄道「い１」(定山渓鉄道コロ１から復元したもの)とは同型車にあたる。

国有化で鉄道院フコイ5130形5131を経てフコロ5670形5671となっていたものを譲り受けフコロ６形６としたもので、後に制動機は付けたままコロ６に改称された。

1927(昭和２)年には車内を貴賓・会社重役用の特別車コトク１(全長19,895mm、自重9.84t、定員30人)として整備されたが、戦後はほとんど使用されることなく、鹿ノ谷駅構内で木工室となっていた。1957(昭和32)年に廃車された。

夕張鉄道のコトク１形とは製造時に同一形式だった北海道炭礦鉄道「い１」(復元保存車)。
2021.7.23　小樽市総合博物館　P：奥山道紀

●コハ１形(１)←コロハ１形(１)←フコロハ１形(１)

●コハ２形(２)←コロハ２形(２)←フコロハ１形(２)

コハ１は1898(明治31)年製の２等客車「に７」、コハ２は1903(明治36)年製の２・３等合造客車「にさ71」が前身(いずれも手宮工場製)。国有化後、前者は鉄道院フコロ5665形5669を経てフコロハ5760形5760として、後者はフコロハ5980→5981となっていたものを譲り受けてフコロハ１・２としたが、元来別形式のため形態が異なり、1926(大正15)年にフコロハ１形とフコロハ２形に形式を分けた。

フコロハの室内はいずれも２等室がロングシート、３等室がロング／クロスシートの組み合わせで、便所は２・３等で別に設置されていた。外観的には当初全室２等車であったフコロハ１が全面ダブルルーフ、合造車のフコロハ２は２等室部分がダブルルーフ・３等

■車両竣工図表　夕張鉄道コトク１形　　資料所蔵：奥山道紀

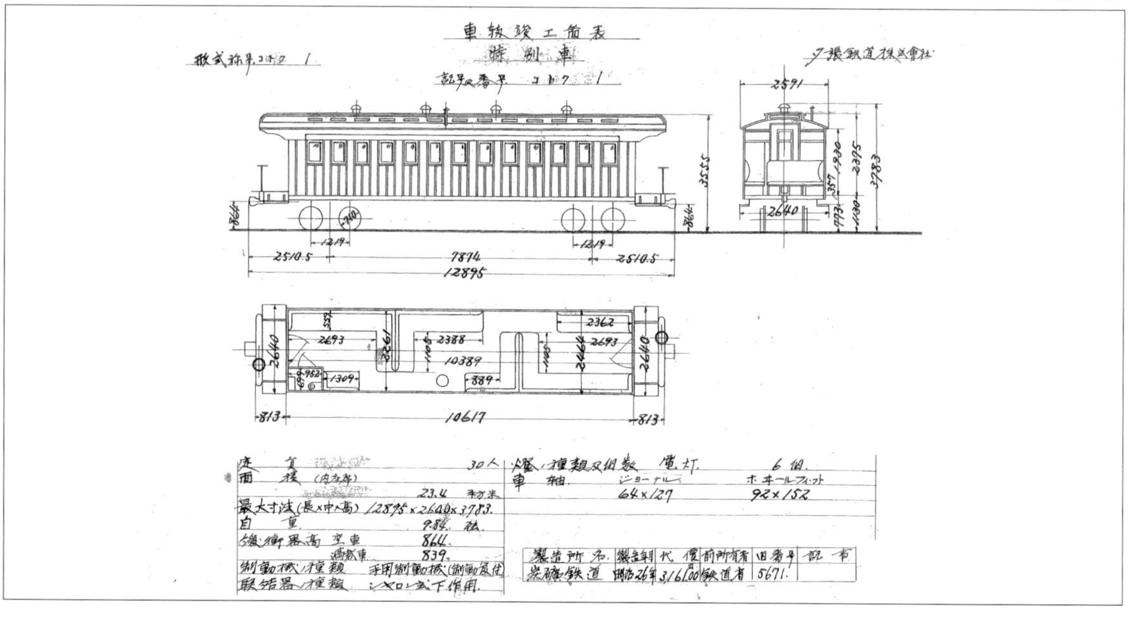

元夕張鉄道コハ１を譲渡した北炭真谷地専用鉄道コハフ１。真谷地での車体改造により夕張鉄道在籍時とは形態が異なる。
1966.9　真谷地
P：川村高志

室部分がシングルルーフとそれぞれ違いがあった。

1935(昭和10) 年の２等車廃止に伴いコハ１形とコハ２形となり、1936(昭和11) 年には出入口に扉が設置された。1939(昭和14) 年には２・３等室間にあった仕切を撤去し座席をクロスとロングの組合せとする改造を行ったことで定員は夏62人／冬58人となった。諸元は２両で異なり、全長は13,118mm／12,991mm、自重は12.0t ／ 12.44tである(それぞれコハ１／コハ２の順に記載)。

いずれも1938(昭和13) 年より角田炭砿専用鉄道に貸出され、コハ１はその後夕張炭砿専用鉄道に貸出中のハ60と交代する形で1940(昭和15) 年に夕張炭砿専用鉄道へ貸出、1941(昭和16) 年に譲渡され、さらにその後北炭真谷地専用鉄道に転じてコハフ１となり、1966(昭和41)年９月まで活躍した。

コハ２は角田炭砿専用鉄道の電車導入の際に夕張鉄道に戻り、1949(昭和24)年に廃車となった。廃車後、車体が鹿ノ谷駅構内で物置として使用された。

●コハ10形(10・11)←フコハ10形(10・11)

鉄道院フコハ7970形の7970・7976を譲り受けたもので、その前身は北海道炭礦鉄道の「さ63」(1902(明治35) 年手宮工場製) および「さ69」(1904(明治37) 年岩見沢工場製) のいずれも３等客車で、前者がフコハ10、後者がフコハ11となった。

車体はシングルルーフで、全長12,991mm、自重9.42t、室内は座席がクロスとロングの組合せで定員は夏62人／冬58人、便所付であった。

フコハ→コハの呼称変更後、コハ10は角田炭砿専用鉄道に貸出され1941 ～ 1949(昭和16 ～ 24) 年５月まで使用されたが、同社の旅客輸送電車化に伴い返還のうえで同年廃車、車体が鹿ノ谷構内で物置として使われた。一方コハ11は1936(昭和11) 年に角田炭砿専用鉄道に貸出されたあと、1938(昭和13) 年に廃車となり、継立駅付近で倉庫となった。

■車両竣工図表　夕張鉄道コハ10形

資料所蔵：奥山道紀

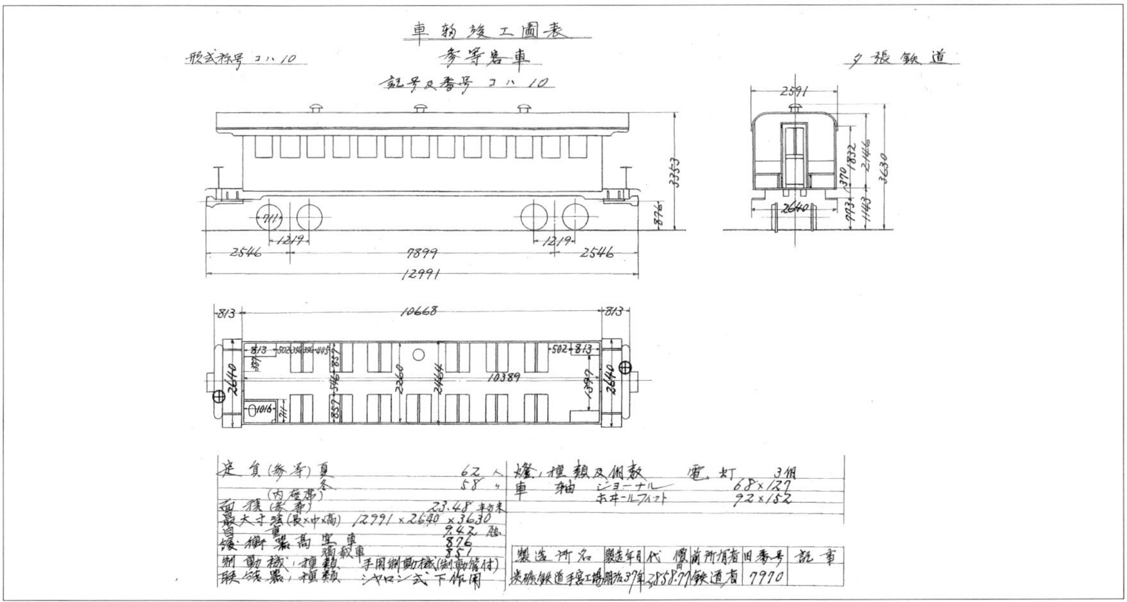

ほぼ原形を保ったまま使用されていた夕張鉄道ナハ50形51。
1963.10.8　鹿ノ谷　P：宮内明朗

●コハ12形(12) ←フコハ12形(12)

鉄道院フコフ7959形7959を譲り受けてフコハ10形12としたもので、前身は北海道炭礦鉄道の３等客車「さ58」(1899(明治32) 年手宮工場製)。1926(昭和元) 年にはフコハ12形として形式が分けられた。

シングルルーフ車体で全長は11,570mmと小型であり、自重7.99t、室内はクロスシート・便所付で、鉄道省時代の定員は夏56人／冬52人であった。、

1934(昭和９) 年に角田炭砿専用鉄道に貸出され、その後1938(昭和13) 年に廃車され、継立駅付近で倉庫として使用された。

以上の鉄道省払下げ・元北海道炭礦鉄道所属のコトク１、コロハ１・２、コハ10・11・12は入線に際して、1926(大正15) 年に連結器位置の変更、空気ブレーキ化改造などを実施している。

さらにコトク１以外は台枠、連結器、昇降台、雨トイなどの更新、出入り口の踏段をそれぞれ改修するなどして使用された。

また、手ブレーキは残っていたものの形式名から「フ」が外されている。

5.2　開業時の客車・自社発注車（梅鉢鉄工所製）

●ナハ50形(50・51)←ナハフ50形(50・51)

開業にあたり、鉄道省からの譲渡車のほかに1926(大正15) 年梅鉢鉄工所製(後の帝国車両) の自社発注車が２両用意された。ダブルルーフの木造車体で全長16,920mm、自重25.0t、台車はTR11、室内はクロスシート、車掌室と便所付で、ストーブ暖房を用い定員は夏80人／冬72人であった。1934(昭和９) 年に車軸発電機を取付、翌1935(昭和10) 年に車掌室を撤去し、代わりに座席を設けてナハ50・51となった。

1936(昭和11) 年に踏段の改良などをして、混合列車などに使用された。ナハ50は1938(昭和13) 年認可で夕張炭砿専用鉄道に随時貸出されるようになったが、使用実態は不明である。

気動車化による客貨分離・混合列車廃止により、1963(昭和38)年11月8日廃車された。

■車両竣工図表　夕張鉄道ナハ50形50・51　　資料所蔵：奥山道紀

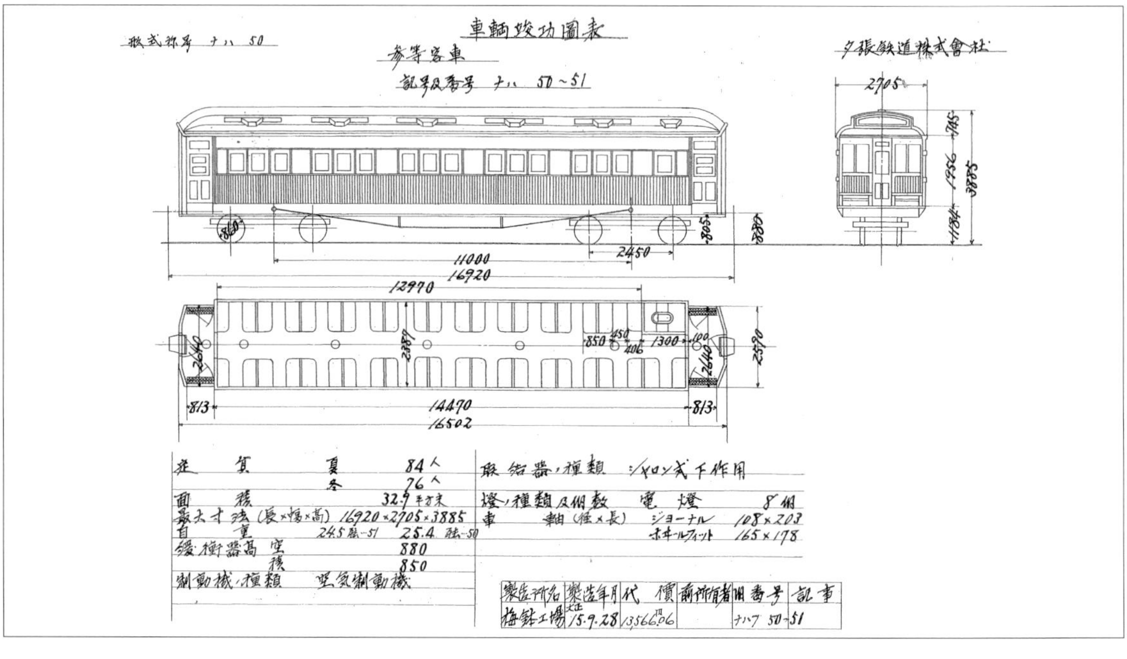

神中鉄道ハ20形の譲渡車ハ22。同形式は５両中４両が夕張へ、残ったハ24は後に兵庫県の別府鉄道でハフ７として1984年まで現役で使用された。　1954.8.20　鹿ノ谷　P：青木栄一

北海鋼機前駅で便所として使用されたハ23の廃車体。ダブルルーフから切妻屋根に改造されているのがわかる。　1968.9.5　北海鋼機前　P：荻原二郎

5.3　神中鉄道払下げ車

●ハ20形（20～23）

1939（昭和14）年にコハ11・12の代替などのために神中鉄道（現在の相模鉄道）から譲受した木造２軸客車ハ20～23がその前身で、同鉄道開業時に汽車会社東京支店で製造したもの。ハ20～22が1925（大正14）年、ハ23が1926年製で、オープンデッキ、ダブルルーフ、クロスシート、便所なしであった。全長9,766mm、自重8.0tで、夕張鉄道では冬季はクロスシートを１ボックス外してストーブを設置したため、定員は夏が48人、冬が44人と異なっていた。

ハ60とともに夕張付近の従業員輸送列車などに使用されていたが、1950年代に入ってからはあまり使用されず、鹿ノ谷駅構内の木造倉庫代用となったこともあるが、1956（昭和31）年８月25日に廃車となった。

ハ23は火災で焼損したが、復旧に際して屋根がシングルルーフになり、中央部にガーランド形ベンチレーター２個が設けられた。廃車後、車体が野幌バス停留所（後の北海鋼機前）でトイレとして再利用された。

●ハ60形（60）

ハ20形と同じく、もと神中鉄道フハ50形51（1925年汽車会社東京支店製）で、手ブレーキ付であったが夕張鉄道ではハ60となったもので、全長9,766mm、自重8.0t、定員夏44人／冬40人であった。

1940（昭和15）年に短期間夕張炭砿専用鉄道に貸出されたこともあるが、1950年代に入ってからはあまり使用されず、1956（昭和31）年８月25日に廃車となった。

■車両竣工図表　夕張鉄道ハ20形20～23　　資料所蔵：奥山道紀

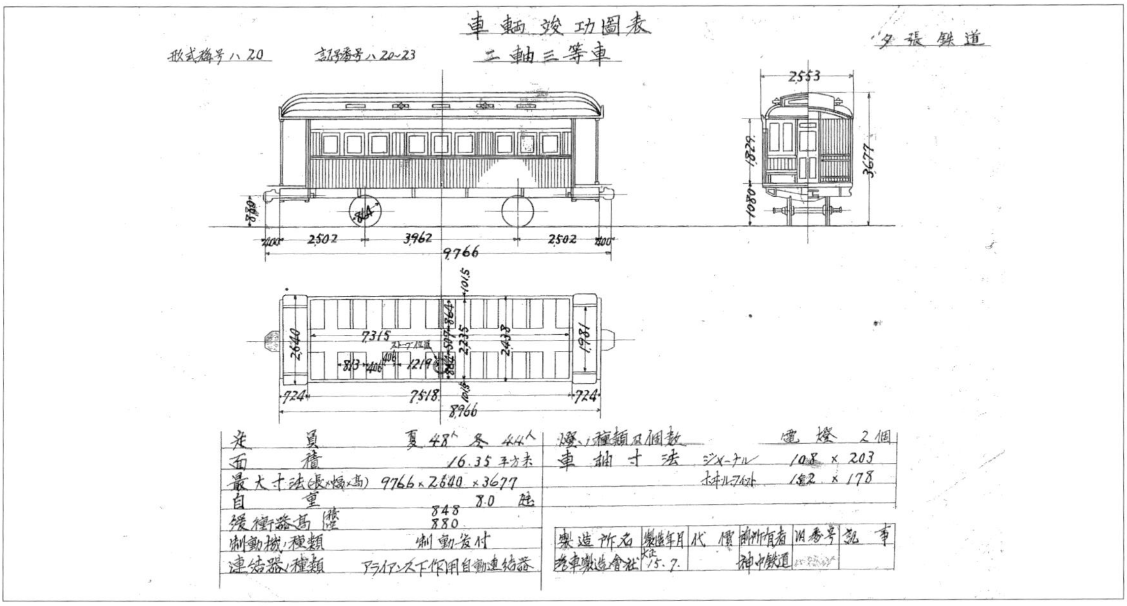

ナハニフ100形。1929(昭和４)年製の17m級客車で、製造時は２・３等合造車であった。　1965.4.30　鹿ノ谷　P：荻原二郎

5．4　自社発注客車(日本車輌製)

●ナハニフ100形(100)

※ナハニフ←ナハニ←ナハ←ナロハ100形(100)

ナロハ100形は1929(昭和４)年に日本車輌東京支店で製造された２・３等合造客車で、屋根はシングルルーフ、台車はＴＲ11、室内は２等ロングシート／３等クロスシート、ストーブ暖房、全長17,000mm、自重24.5t、定員２等夏16人／冬13人、３等夏60人／冬56人で、最大寸法は戦前期に日本車両に発注された三菱鉱業(美唄・大夕張)のナハフ・ナハと同一で、国鉄オロハ30形と似た形態であった。

その後２等廃止によりナハ100形となり、気動車導入に伴う客貨分離の進展によって手小荷物の取扱が必要となったことから、1956(昭和31)年に荷物室を設置してナハニ100に改造され、この際塗装が茶色から上クリーム、下茶色に変更となり、定員夏60人／冬56人、荷重3.0t、自重24.68tとなった。

更に1958(昭和33)年に車掌室を設置、気動車の付随車化のために総括制御用電気回路を設置、実質「キサハ」のナハニフ100となった。

1959(昭和34)年には苗穂工業(現・札幌交通機械)で車体の更新修繕(ノーシル・ノーヘッダー化、床下トラス棒の撤去)、1960(昭和35)年にウェバスト式暖房２基が床下に設置され、定員60人、自重24.9tとなった。

また、のちに車体下部の色がスカーレットに変更され、気動車の間に挟んだＤＴＤ編成や気動車で牽引する編成などで末期まで使用された。

1971(昭和46)年10月の廃車後江別市の個人に引き取られピアノ教室として使用されていたが、1990(平成２)年４月に解体された。

■車両竣工図表　夕張鉄道ナハニフ100形　　資料所蔵：奥山道紀

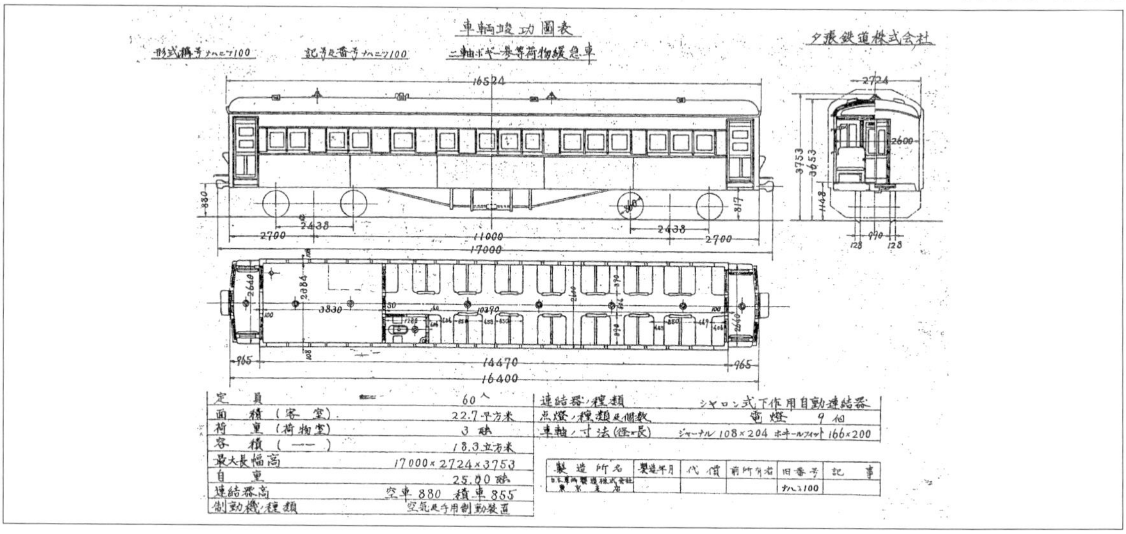

ナハニフ150形151。国鉄スハ32形と似た形態であるが、18m級であることや台車がTR11であることが異なる。写真は荷物室に改造された側から見たところ。 1965.4.30 鹿ノ谷 P：荻原二郎

●ナハニフ150形（150～153）

※ナハニフ←ナハニ←ナハ150形（150～153）

ナハ150形は平和炭鉱（もとの若菜辺砿）の再開により1937（昭和12）年に2両、日中戦争進展による増産に伴う旅客増により、1940（昭和15）年に2両がいずれも日本車輌東京支店で製造されたもので、屋根はシングルルーフ、台車はＴＲ11、室内はクロスシート、ストーブ暖房で、全長18,400mm、自重25.14t、定員夏84人／冬76人で国鉄のスハ32形と似た形態であった。

客貨分離の進展により付随車化され、1957（昭和32）年にナハ152・153が、1958（昭和33）年にナハ150が座席2区画分と出入台を荷物室に改造してナハニ152・153・150となり、この際塗装が茶色から上クリーム、下茶色に変更となった。

その後1958（昭和33）年にはナハニ152・153にウェバスト式暖房2基を床下に設置し定員68人、荷重2.0t、自重25.14tとなった。

またキハ250・300形気動車の編成の中間にも組み込まれることとなり、車掌室の設置と電気回路の変更が1958年および1961（昭和36）年（ナハ151のみ、この際に荷物室およびウェバスト式暖房2基を設置）に実施され、ナハニフ150～153となり、実質キサハと同等になった。ナハニフ150も1961年になってウェバス

ナハニフ150形152。シル・ヘッダーや木製のデッキ扉など、原形の姿が残る。 1963.4.6 鹿ノ谷 P所蔵：奥山道紀

ナハニフ150形153ほか。屋根端部が張り上げとなっている。　1967.3.5　鹿ノ谷　P：荻原俊夫

ト式暖房２基を設置している。

ナハニフ150～153とも荷物室の設置に際しては窓下に「荷物」と表記した以外、外見上に変化なく、内部は手荷物室側の中妻を撤去している。

ナハニフ153は1964（昭和39）年に座席を転換クロスシートに交換され、定員90（座席60）人に変更された。また、のちに４両とも車体下部の色がスカーレットに変更され、気動車の間に挟んだＤＴＤ編成や気動車で牽引する編成や、ナハニフ100とともに多客時には蒸気牽引の臨時列車にも使用された。

ナハニフ153が1968（昭和43）年７月に倉敷市交通局（→水島臨海鉄道）にキハ301・302とともに譲渡された。

晩年は継立駅構内に留置されていた車両も、1971（昭和46）年10月に廃車された。

廃車後ナハニフ151が1972（昭和47）年５月夕張市に寄贈され、夕張本町駅跡に開設された夕張市郷土資料館で保存、その後1980（昭和55）年９月に夕張市石炭博物館・ＳＬ館に移設されて保存・公開されていたが、同市の財政破綻により現在は休館中。

■車両竣工図表　夕張鉄道ナハニフ150形152・153　資料所蔵：奥山道紀

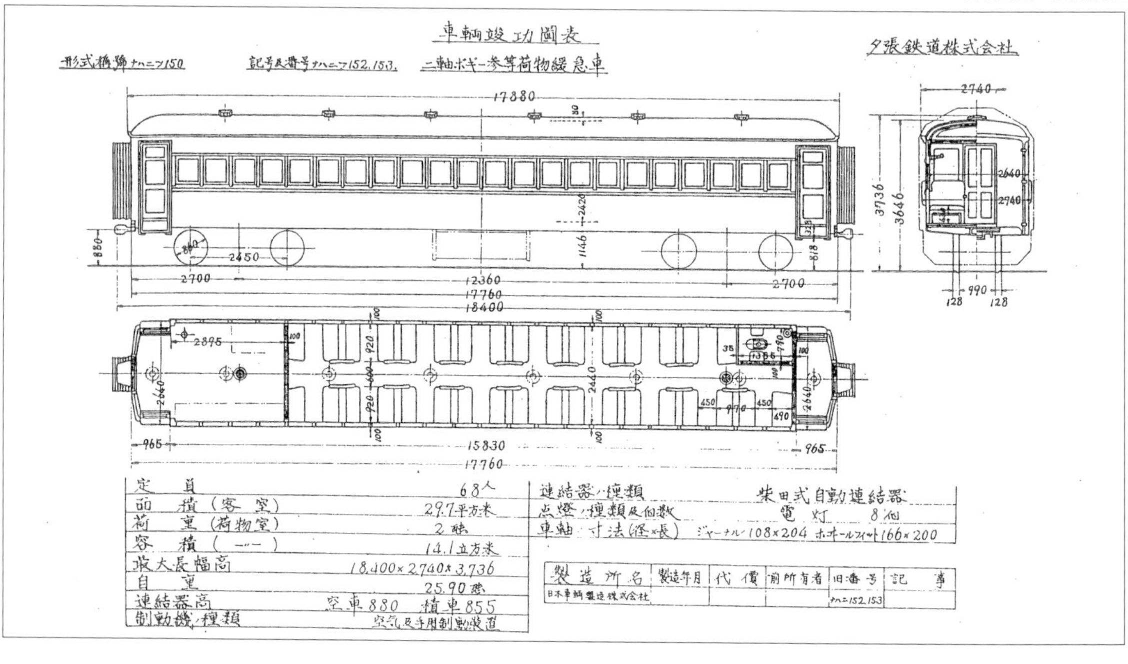

定　員	68人
面　積（客　室）	29.7平方米
荷　重（荷物室）	2 瓲
容　積（ 〃 ）	14.1立方米
最大長幅高	18,400×2,740×3,736
自　重	25.90瓲
連結器高	空車880　積車855
制動機ノ種類	空気及手用制動装置

連結器ノ種類	柴田式自動連結器
点燈ノ種類及個数	電灯　8個
車軸ノ寸法（径×長）	ジャーナル108×204 ホイールフィット166×200

製造所名	製造年月	代価	前所有者	旧番号	記事
日本車輌製造株式会社				ナハニ152, 153	

ナハ50形53。戦後に国鉄の木造客車を譲り受けたもの。　1965.4.30　鹿ノ谷　P：荻原二郎

5.5　戦後の国鉄払下げ車

●ナハ50形(52・53)←ナハフ50形(52・53)

戦後復興で人々の夕張への往来も増加したことから、輸送力増強策として1950(昭和25)年に国鉄より２両の木造客車を譲り受けた。1924(大正13)年梅鉢鉄工所製のナハフ24000形24507と、1927(昭和２)年汽車会社東京工場製のナハ23800形23879で、それぞれナハフ52・53(後にナハ52・53)とされた。

いずれもダブルルーフで車内は固定クロスシート、ナハ52が全長16,802mm・自重25.11tであったのに対しナハ53がそれぞれ17,000mm、25.69tであった。暖房はストーブ使用で、定員はいずれも夏84人／冬76人であった。

当初は車掌室と便所付であったが、入線直後にナハ52は車掌室と洗面所を、ナハ53は洗面所をそれぞれ撤去して座席としている。またナハ52は後に屋根をシングルルーフ(丸屋根)に改造している。混合列車などで使用されたが、1965(昭和40)年に廃車となった。

■車両竣工図表　夕張鉄道ナハ50形52　資料所蔵：奥山道紀

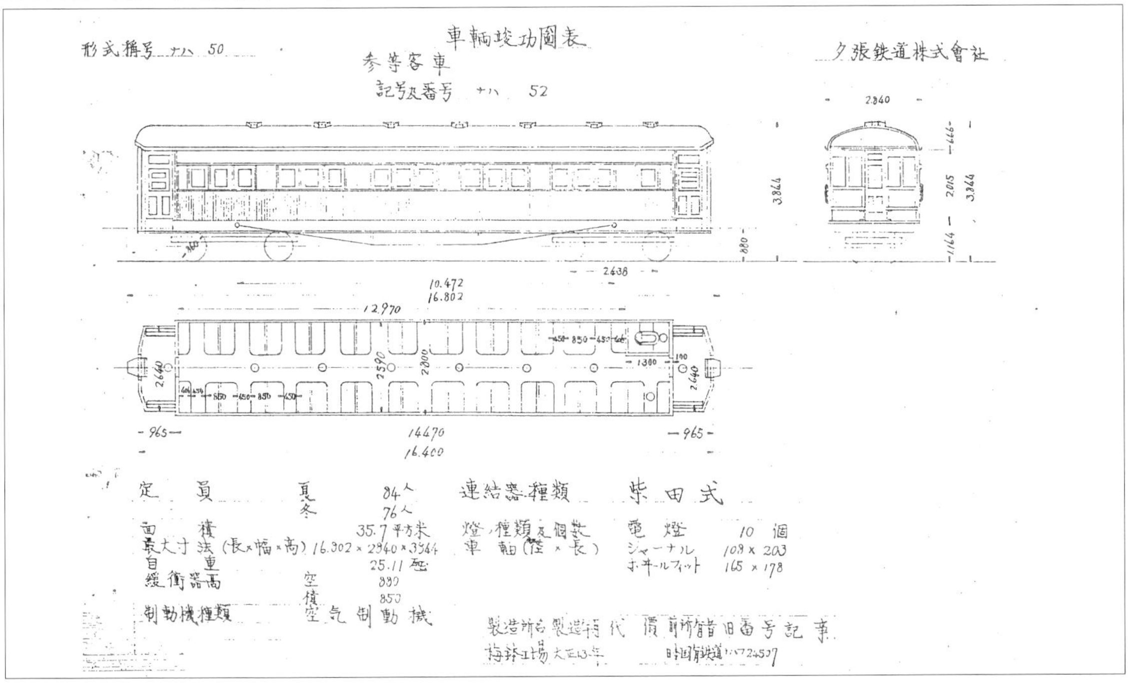

●ホハフ10形(10)

1952(昭和27)年、輸送力増強のため国鉄より木造ダブルルーフ客車ホハフ2630形2630を譲り受けたもの。1903(明治36)年日本鉄道大宮工場製の「いろ62」がその出自で、イネロ5050形5051→ロネロ5080形5081→ホロネロ250形251と改番の後、ホハフ2630となっていた。

全長15,792mm、自重20.5t、座席配置はクロスシート(一部ロングシート)で便所付、暖房はストーブを使用し定員は夏68人／冬60人であった。

全線の混合列車に使用された後、夕張付近の通勤・通学列車に使用され、1957(昭和32)年に廃車となった。なお台枠・台車は後述のヤ1形に流用された。

■夕張鉄道客車一覧表

資料作成：奥山道紀

形式	番号	製造年月	製造所	旧番号	台車	最大寸法(mm)			整備重量(t)	定員(座席)	設計・譲受認可	竣功届	譲渡・廃車日	譲渡・保存先
						長さ	高さ	幅						
コトク1	1	1893(明26).5	手宮工場	省フコロハ5671→コロ6		12,895	3,783	2,640	9.8	30(30)	1925(大14).10.26		1957(昭32).3.14	
コハ1	1	1897(明31).5	手宮工場	省フコロハ5760→コロハ1		13,118	3,580	2,591	12	夏62/冬58	1925(大14).10.26		1941(昭16).9.8	北炭真谷地専用鉄道
コハ2	2	1903(明36).6	手宮工場	省フコロハ5981→コロハ2		12,991	3,259	2,640	12.4	夏62/冬58	1925(大14).10.26		1949(昭24).2.9	
コハ10	10	1901(明34)	手宮工場	省フコハ7970		12,991	3,630	2,640	9.4	夏62/冬58	1925(大14).10.26		1949(昭24).2.9	
	11	1904(明37)	岩見沢工場	省フコハ7926		12,991	3,630	2,640	9.4	夏62/冬58	1925(大14).10.26		1938(昭13).9.1	
コハ12	12	1898(明32)	手宮工場	省フコハ7959		11,570	3,470	2,591	8.0	夏62/冬58	1925(大14).10.26		1938(昭13).9.1	
ナハ50	50	1926(大15).9	梅鉢鐵工所	ナハフ50		16,920	3,885	2,705	25.4	夏84/冬76	1926(大15).9.23	1935(昭10).5.7	1963(昭38).11.8	
	51	1926(大15).9	梅鉢鐵工所	ナハフ51		16,920	3,885	2,705	24.5	夏84/冬76	1926(大15).9.23		1963(昭38).11.8	
	52	1924(大13)	梅鉢鐵工所	国鉄ナハ24507		16,802	3,904	2,840	25.1	夏84/冬76	1950(昭25).6.23	1950(昭25).6.30	1965(昭40).5.20	
	53	1927(昭2)	汽車東京	国鉄ナハ23879		17,000	3,925	2,900	25.7	夏84/冬76	1950(昭25).6.23	1950(昭25).6.30	1965(昭40).5.20	
ハ20	20	1926(大15).1	汽車東京	神中ハ20		9,766	3,677	2,640	8.0	夏48/冬44	1938(昭13).10.7	1939(昭14).3.31	1956(昭31).8.25	
	21	1926(大15).1	汽車東京	神中ハ21		9,766	3,677	2,640	8.0	夏48/冬44	1938(昭13).10.7	1939(昭14).3.31	1956(昭31).8.25	
	22	1926(大15).1	汽車東京	神中ハ22		9,766	3,677	2,640	8.0	夏48/冬44	1938(昭13).10.7	1939(昭14).3.31	1956(昭31).8.25	
	23	1926(大15).1	汽車東京	神中ハ23		9,766	3,677	2,640	8.0	夏48/冬44	1938(昭13).10.7	1939(昭14).3.31	1956(昭31).8.25	
ハ60	60	1926(大15).1	汽車東京	神中フハ51		9,766	3,677	2,640	8.0	夏48/冬44	1938(昭13).10.7	1939(昭14).3.31	1956(昭31).8.25	
ナハニフ100	100	1929(昭4).4	日本車両東京	ナロハ100		17,000	3,753	2,724	24.9	60	1929(昭4).4.15	1929(昭4).6.22	1971(昭46).10.11	江別市(解体)
ナハニフ150	150	1937(昭12).8	日本車両東京	ナハ150	TR11	18,400	3,736	2,740	25.4	68	1937(昭12).8.25	1937(昭12).9.2	1971(昭46).10.11	
	151	1937(昭12).8	日本車両東京	ナハ151	TR11	18,400	3,736	2,740	25.4	68	1937(昭12).8.25	1937(昭12).9.2	1971(昭46).10.11	保存・夕張市
	152	1940(昭15).10	日本車両東京	ナハ152	TR11	18,400	3,736	2,740	25.4	68	1940(昭15).1.18	1940(昭15).2.7	1971(昭46).10.11	
	153	1940(昭15).10	日本車両東京	ナハ153	TR11	18,400	3,736	2,740	25.4	90(68)	1940(昭15).1.18	1940(昭15).2.7	1968(昭43).7.1	倉敷市交通局→水島臨海
ホハフ10	10	1903(明36)	大宮工場	国鉄ホハフ2630		15,751	3,773	2,584	20.5	夏68/冬60	1952(昭27).11.1	1953(昭28).1.10	1957(昭32).3.14	→ヤ1

●手続・改番日・改造・特殊装備・特徴など

○コトク1：1926(大正15)年11月8日 社番号化 コロ6→1937(昭和12)年1月15日 改造改番・設計変更　車内を貴賓や会社重役用に整備して改番 コトク1

○コハ1：1926(大正15)年11月8日 コロハ1→1931(昭和6)年7月24日 設計変更認可 鋼木合造台枠化、デッキ改修、連結器交換→1935(昭和10)年9月2日 改番コハ1→1939(昭和14)年3月31日 設計変更認可 区画壁撤去

○コハ2：1926(大正15)年11月5日 コロハ2→1931(昭和6)年7月24日 設計変更認可 鋼木合造台枠化、デッキ改修、連結器交換→1935(昭和10)年9月2日 改番コハ2→昭和14年3月31日 設計変更認可 区画壁撤去

○コハ10：1926(大正15)年11月8日 コハ10→1931(昭和6)年7月24日 設計変更認可 鋼木合造台枠化、デッキ改修、連結器交換→1932(昭和7)年8月20日 設計変更認可 座布団変更

○コハ11：1926(大正15)年11月8日 コハ11→1931(昭和6)年7月24日 設計変更認可 鋼木合造台枠化、デッキ改修、連結器交換→1933(昭和8)年1月18日 設計変更認可 座布団変更

○コハ12：1926(大正15)年11月5日 コハ12→1931(昭和6)年7月24日 設計変更認可 鋼木合造台枠化、デッキ改修、連結器交換

○ナハ50：1926(大正15)年9月23日 ナハフ50→1928(昭和3)年7月9日 設計変更認可 蓄電池設置→1934(昭和9)年9月6日 設計変更認可 車軸発電機設置→1935(昭和10)年4月25日 改番 ナハ50

○ナハ51：1926(大正15)年9月23日 ナハフ51→1928(昭和3)年7月9日 設計変更認可 蓄電池設置→1934(昭和9)年9月6日 設計変更認可 車軸発電機設置→1935(昭和10)年11月12日 改番 ナハ51

○ナハ52：1950(昭和25)年6月23日 ナハフ24507→1950(昭和25)年8月10日 社番号化 ナハ52→1960(昭和35)年12月13日 設計変更認可 丸屋根化

○ナハ53：1950(昭和25)年6月23日 ナハ23879→1950(昭和25)年8月10日 社番号化 ナハ53

○ハ20：1938(昭和13)年10月7日 ハ20

○ハ21：1938(昭和13)年10月7日 ハ21

○ハ22：1938(昭和13)年10月7日 ハ22

○ハ23：1938(昭和13)年10月7日 ハ23

○ハ60：1938(昭和13)年10月7日 ハ60

○ナハニフ100：1929(昭和4)年4月15日 ナロハ100→1934(昭和9)年9月6日 設計変更認可 車軸発電機設置→1935(昭和10)年9月2日 改造改番・設計変更認可 ナハ100→1956(昭和31)年1月19日 改造改番・設計変更認可 ナハニ100→1958(昭和33)年3月31日 設計変更認可 自動塗油機設置→1958(昭和33)年11月15日 改造改番・設計変更認可 ナハニフ100 ウェバスト暖房設置

○ナハニフ150：1937(昭和12)年8月25日 ナハ150→1957(昭和32)年2月15日 改造改番・設計変更認可 ナハニ150　ウェバスト暖房設置→昭和33年11月15日 改造改番・設計変更認可 ナハニフ150

○ナハニフ151：1937(昭和12)年8月25日 ナハ151→1960(昭和35)年11月21日 改造改番・設計変更認可 ナハニフ151→1960(昭和35)年12月23日 設計変更認可 ウェバスト暖房設置

○ナハニフ152：1940(昭和15)年1月18日 ナハ152→1956(昭和31)年1月19日 改造改番・設計変更認可 ナハニ152→1958(昭和33)年3月4日 設計変更認可 ウェバスト暖房設置→1958(昭和33)年11月15日 改造改番・設計変更認可 ナハニフ152

○ナハニフ153：1940(昭和15)年1月18日 ナハ153→1956(昭和31)年1月19日 改造改番・設計変更認可 ナハニ153→1958(昭和33)年3月4日 設計変更認可 ウェバスト暖房設置→1958(昭和33)年11月15日 改造改番・設計変更認可 ナハニフ153→1964(昭和39)年2月13日 設計変更認可 転換クロスシート化

手前よりワフ１・ワフ５、
奥に木造２軸貨車。
1967年頃　鹿ノ谷機関区
P：石田　司

6．貨車

6.1 有蓋車

●ワフ１形（１～７）　●ワ50形（50 ～ 56）
●ワ100形（101・102）　●ワ400形（401 ～ 403）

夕張市は石炭を産出し出荷する生産都市であると同時に、多数の人々が暮らす消費都市でもあり、自動車交通が未発達な時代、これらの貨車が物流の主体となった。

ワフ１形は、開業に備え５両（１～５）が新造された８ｔ積木造２軸有蓋緩急車で、1926（大正15）年日本車輌製。一方、同時期製造の木造有蓋車ワ50形のうち２両（56・55）を1929（昭和４）年と1934（昭和９）年にそれぞれ緩急車化改造したワフ６・７も存在したが、1955（昭和30）年に有蓋車に戻され、それぞれ原番号に戻った。

ワ50形もワフ１形と同様、開業時に７両（50 ～ 56）が新造された10ｔ積木造２軸有蓋車で、1926（大正15）年日本車輌製。国鉄ワム3500形の縮小版といえ、７両中55・56は一時期緩急車化されていた。

ワ100形は1953（昭和28）年に国鉄から２両（101・102）を譲り受けた10ｔ積木製２軸有蓋車で、ワ101は1930（昭和５）年日本車輌製の国鉄ワ21621、ワ102は同年田中車輌製のワ21629が種車。いずれも阪和電鉄買収車であるワ21600形の払下げである。

ワ400形は戦後の1953（昭和28）年に国鉄から３両を譲り受けた木造２軸有蓋車（13ｔ積）で、いずれも1922（大正11）年日本車輌製の芸備鉄道買収車である。国鉄車番はワ21401・21408・21418の３両。

これら有蓋貨車はいずれも貨物・混合列車に使用され、ワフ４が廃線時まで在籍した。

■車両竣功図表　夕張鉄道 ワフ１形１～５　資料所蔵：奥山道紀

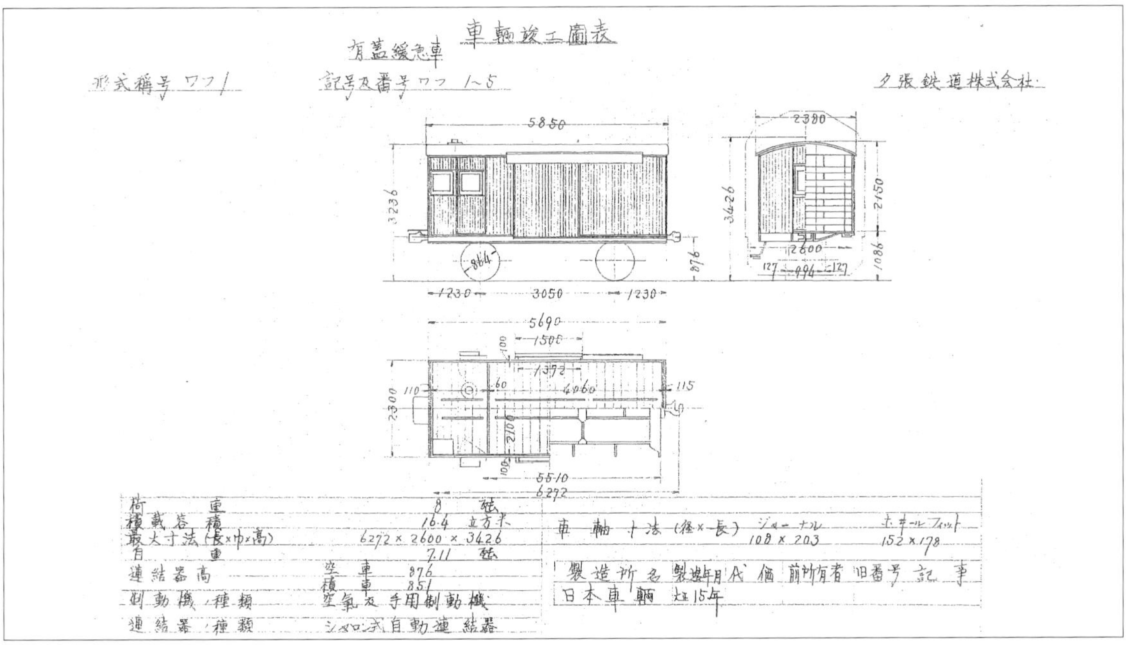

ト13など木造2軸無蓋車が並ぶ光景。いずれも車体中央に観音開きの扉が付く古典的な無蓋車である。
1967年頃　鹿ノ谷機関区　P：石田　司

6.2 無蓋車

●フト(→ト)1形(1～15)

●ト101形(101～113)・ト1形(11・15～20)

開業に備え新造された木造2軸無蓋貨車(12t積)で、当初は手用制動機付のフト1形が12両(1～12)、手用制動機なしのト101形が13両(101～113)それぞれ新造された。いずれも日本車輌製で、フト1形は1925・26(大正14・15)年製、ト101形は1925(大正14)年製であった。

1927(昭和2)年から翌年にかけてト101形のうち3両(111～113)に空気制動機が取付けられ、さらに1928(昭和3)年には手用制動機も取付改造されて113・111・112がそれぞれフト1形13～15とされた。

のちにフト1形は手用制動機付きのままト1形に形式変更し、1934(昭和9)年に車側制動機に変更した。

戦後の1955(昭和30)年にはト101形のうち6両(101・106・107・108・103・104・105)に空気制動機を取り付け、ト1形(11・15、16～20)とした。なおこのうちト11と15は二代目で、事故廃車となったフト→ト1形2両(11・15)の空番を埋めたもの。

鉄道廃線時まで在籍したのはト15だけであった。

■車両竣功図表　夕張鉄道 ト1形　資料所蔵：奥山道紀

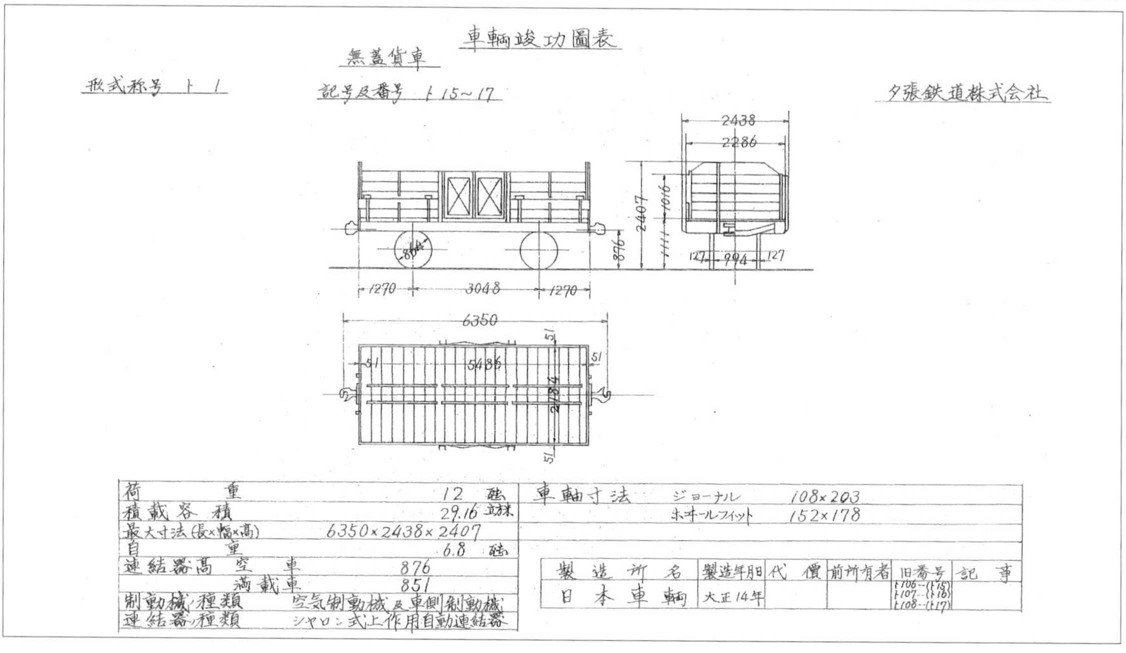

車輌竣功圖表
無蓋貨車
形式称号 ト1　記号及番号 ト15～17　夕張鉄道株式会社

荷重		12 瓲
積載容積		29.16 立方米
最大寸法(長×幅×高)	6350×2438×2407	
自重		6.8 瓲
連結器高	空車	876
	満載車	851
制動機ノ種類	空気制動機及車側制動機	
連結器ノ種類	シヤロン式上作用自動連結器	

車軸寸法	ジョーナル	108×203
	ホヰールフイット	152×178

製造所名	製造年月日	代價	前所有者	旧番号	記事
日本車輌	大正14年			ト106--(ト15) ト107--(ト16) ト108--(ト17)	

■車両竣功図表　夕張鉄道 チ１形

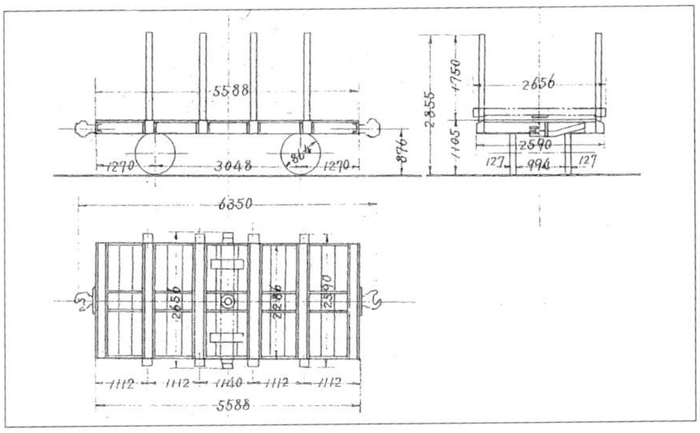

■車両竣功図表　夕張鉄道 ミ１形

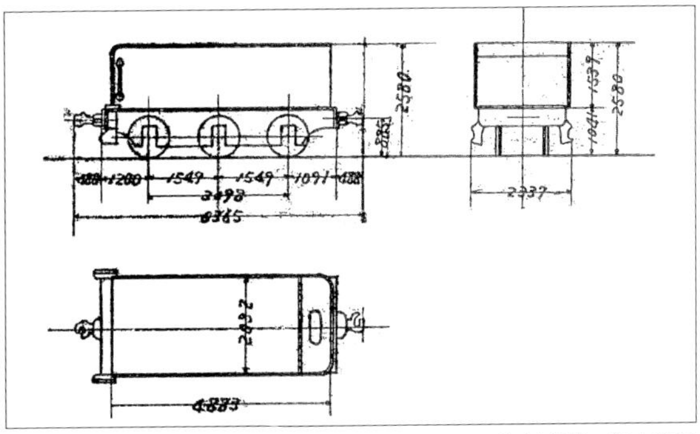

※いずれも車両図面部分のみ抜粋

資料所蔵：奥山道紀

6.3 その他の貨車

●チ１形(１・２)

チ１形は1934(昭和９)年にト101形109・110を改造して誕生した12ｔ積木造２軸長物車。戦後の1959(昭和34)年に空気制動機が取付けられた。チ１・２いずれも1968(昭和43)年４月に廃車となった。

●ヤ１形(１)

1959(昭和34)年、廃車となったホハフ10の台枠・台車を利用して夕張鉄道が自社工場で製造した木造シングルルーフの事業用車両。沿線で会議や会合をする際の会場として使用するためのもので、全長15,792mm、自重17.5t、定員未設定で貨車籍であった。

車体の一端に出入口と土間と下駄箱、台所と手用制動機が設けられ、白と黄色で塗り分けられた車体に「つどい号」と書かれていた。

1960(昭和35)年10月22日付新聞記事によると、夕張市内の商店により、沿線各駅での衣類等の移動販売にも使用されたが、1961(昭和36)年には廃車となり、車体は上江別の保線詰所となった。

●ミ1形(1)

1926(大正15)年に国鉄蒸機5700形(米国スケネクタディ社製)の炭水車を譲り受け、連結器を自動連結器に変更して１形蒸機を本線列車に使用するための補助水槽車としたもので、鋼製の２軸車である

後に７形蒸気機関車７の補助水槽車としても使用され、1949(昭和24)年には水槽容積を9.57m^3から12.14m^3に拡大した。

■車両竣功図表　夕張鉄道ヤ１形

資料所蔵：奥山道紀

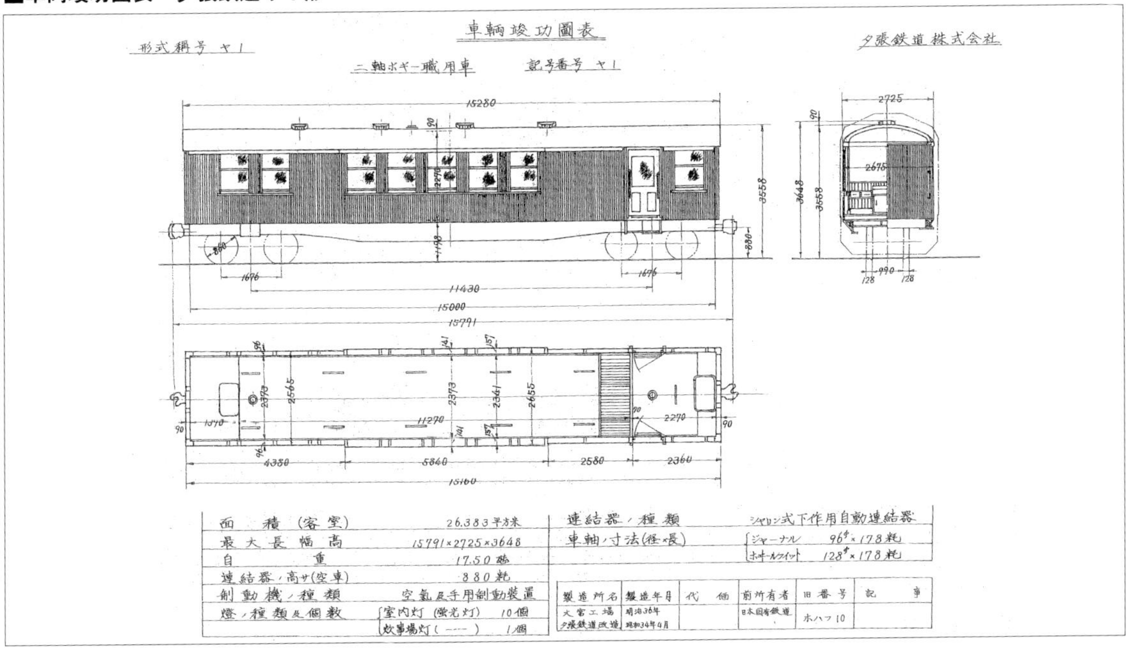

北炭からの借入車セサ500形525。火山灰車として新製された車両で、石炭車に転用する際に車体上部を嵩上げしている。
撮影年月不詳　若菜
P所蔵：奥山道紀

6.4 石炭輸送

「石炭」は燃料として発電所・工場・一般家庭で消費されるほか、製鉄原料のコークスや化学工業・都市ガスの原料として使われてきた。

夕張鉄道沿線の炭鉱で地底から掘り出された石炭は、選炭工程を経てポケット（積込ホッパー）で貨車積みされ、一部山元で自己消費されるもの以外は消費地である北海道内各地や小樽・室蘭・苫小牧などの石炭積出港に送られた。

戦後は室蘭・苫小牧港が主体になるものの、小樽港送りの石炭に関しては大夕張鉄道線沿線の三菱鉱業の炭鉱からの出炭を含め国鉄夕張線を「逆走」し鹿ノ谷経由で発送されるものもあった。

小樽・室蘭・苫小牧などに送られる石炭輸送は一貫して国鉄系石炭車のオテセ・セキの乗入れによって行われた。

石炭車とは、石炭輸送のための専用貨車で、国鉄が用いていた記号は「セ」。ホッパ車の一種であり、基本的にはホッパ車と同構造だが、大量に使用されていたこと、ホッパ車よりも先に開発された事などから管理上、ホッパ車とは別格に位置づけられていた。塗色は黒色に塗られている。

北海道はアメリカ型の側開式石炭車（オテセ9500、セキ1、セキ600、セキ1000、セキ3000、セキ6000、セキ8000）が活躍したが、詳細については『RM LIBRARY 第151巻・無蓋ホッパ車のすべて（上）』を参照されたい。

■車両竣功図表　夕張鉄道 オテセ500形501 ～ 508（炭礦汽船株式会社借入車）　資料所蔵：奥山道紀

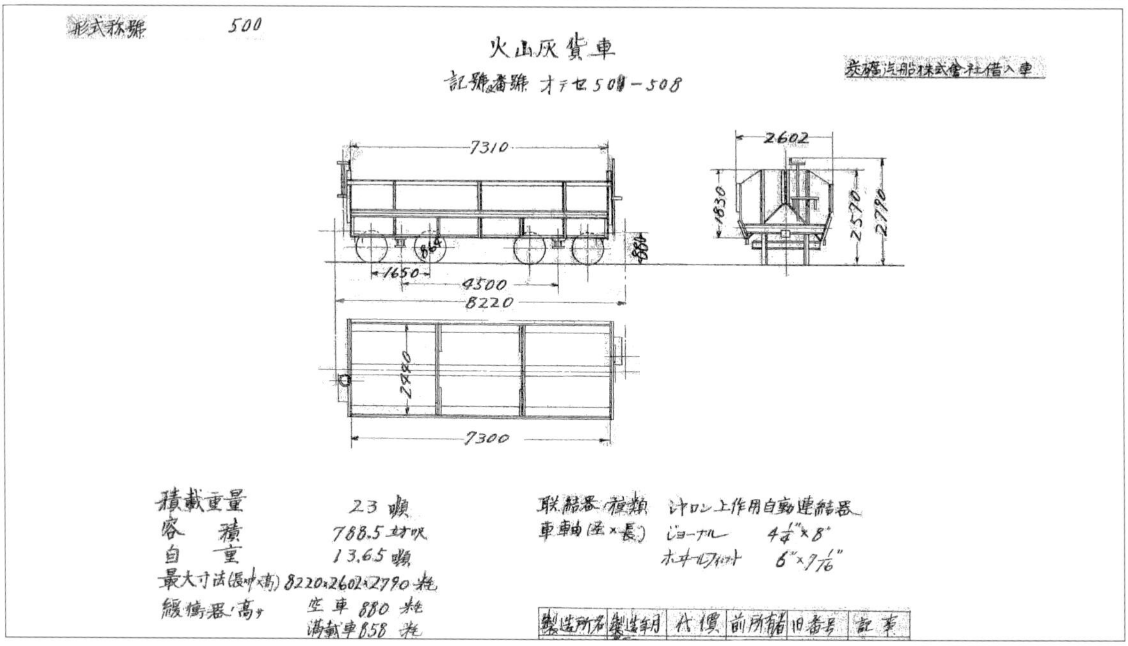

●セサ500形(500 ～ 531) ※北炭借入車

北炭所有の私有石炭貨車で、側開式ボギー車である。もともとは比重の異なる23t積火山灰車として設計されたため、石炭では18t積となり、国鉄の石炭車と比べると小型である。

夕張鉄道は北炭継立専用鉄道と自社線を直通する火山灰輸送の効率化を図るため、北炭所有の火山灰車を借り入れて運用を開始した。1928(昭和３)年５月借入使用認可時の形式番号はオテセ500形(500・516 ～ 525)、オテハ500形(501 ～ 515)、オテハフ50形(50 ～ 55)の32両で、設計認可日とメーカーにより以下の３グループに分かれる。

○日本車輌製８両：1925(大正14)年12月認可
・オテハフ50形50 ～ 55(緩急室付)
・オテハ600形601(1927年 オテセ500形516に改称)
・オテハ500形525(→オテセ500形525に改称)
○日本車輌東京支店製８両：1926(大正15)年８月認可
・オテハ500形517 ～ 524(→オテセ500形517 ～ 524に改称)
○梅鉢鉄工所製16両：1926(大正15)年９月認可
・オテハ600形600(1927年オテセ500形500に改称)
・オテハ500形501 ～ 515

借入後は火山灰を表す「ハ」の標記を石炭車用の「セ」に改め、オテセ500形500 ～ 525、オテセフ50形50 ～ 55に変更、1928(昭和３)年９月には車両称号規定の改正によりセラ500形500 ～ 525、セラフ50形50 ～ 55となった。

1933(昭和８)年にはセラフ50形の緩急室を撤去してセラ500形(526 ～ 531)に編入、さらに火山灰輸送終了後の1933・34(昭和８・９)年には木板で車体を嵩上げして18t積から23t積に改造・編入して自社線および専用鉄道内の運炭に使用した。

この改造によりセラ500形はセサ500形500 ～ 531となった。このうちセサ526 ～ 531は1935(昭和10)年セラ１形１～６となり北炭に返却、同社真谷地専用鉄道で使用された。その後セサ509も1966(昭和41)年に真谷地に転じた。一方、セサ510 ～ 524は1941(昭和16)年、天塩鉄道開業に際して貸し出された。

1972(昭和47)年10月１日の夕張鉄道車両一覧表(46頁参照)では、セサ526・527の２両が末期まで残存していた。

■車両竣功図表　夕張鉄道 セサ500形(炭砿汽船株式会社借入車)　資料所蔵：奥山道紀

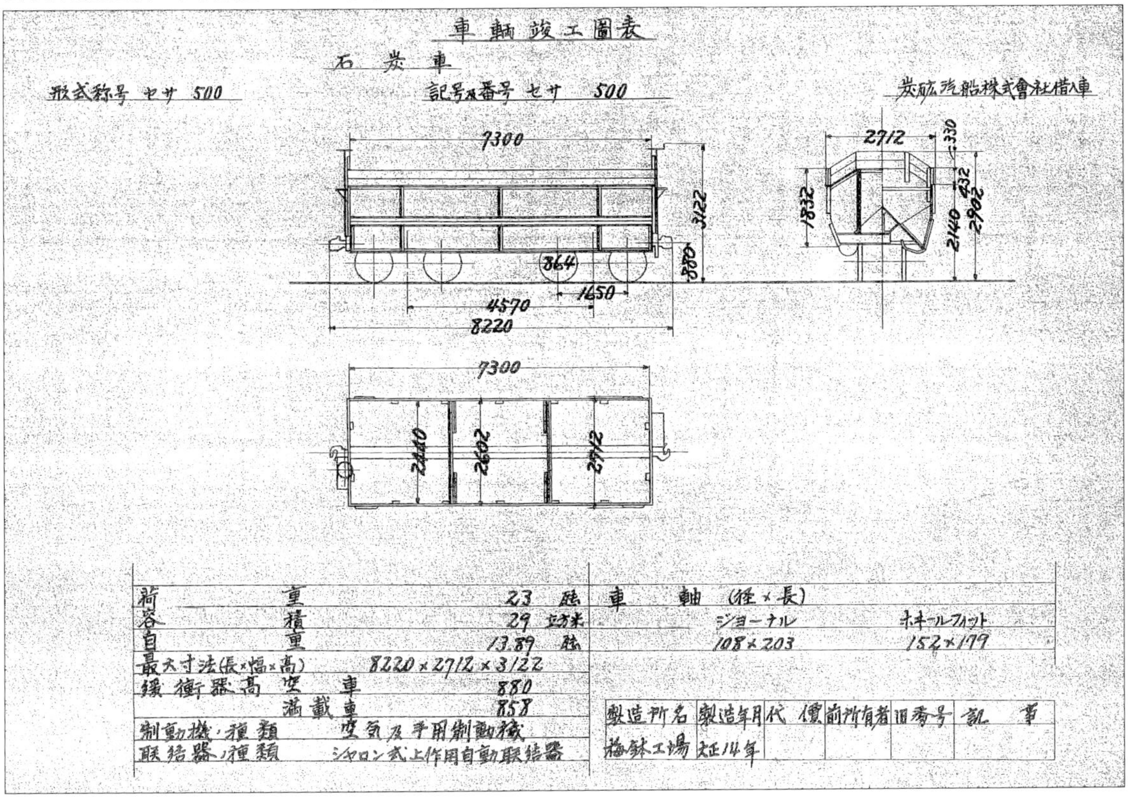

若菜駅に常備されたベンゾール輸送用タンク車タム3250形。左は北炭所有のタム23318、右は北一産業所有のタム23319。いずれも最高速度65km/h制限の１段リンク車。
1974年頃　若菜　P所蔵：奥山道紀

6.5 化成品輸送用タンク車

●タム3250形

夕張鉄道の在籍車でないが、北海道炭礦汽船(株)は若菜にある北炭化成工業所のコークス製造の際の副製品であるベンゾール輸送用として、昭和20年代末から15ｔ積タンク車のタム3250形を２両所有していた。

タム3250形は、1949～1960(昭和24～35)年にかけて3250～3286・3290～3335の83両が製造された２軸タンク車で、北炭ではこのうちタム3318・3323を所有していた。いずれも新潟鉄工所製で、常備駅は若菜であった。

ヨンサントウでは１段リンクのまま北海道内封じ込め車となり、1968(昭和43)年８月にタム23318・23323へ改番された。1976(昭和51)年４月、常備駅は鹿ノ谷に異動し、同工業所の閉鎖により1979(昭和54)年１月に廃車となった。

若菜駅には、北炭所有車のほか北一産業(株)所有のタム3319(後の23319)も常備されていた。1954(昭和29)年10月にタム3318と同時に新潟鉄工所で製造された類似車両だが、蒸気加熱管は装備されていない。こちらの常備駅は最後まで若菜で、社名は1966(昭和41)年２月に北一産業運輸に変更された。1968(昭和43年)８月にタム23319に改番され、1982(昭和57)年６月に廃車となった。

鉄道公報によると、輸送状況により日本石油輸送等他社タンク車の借入も確認できる。

■夕張鉄道貨車一覧表・1962(昭和37)年９月在籍車両

資料作成：奥山道紀

形式	番号	製造年月	製造所	旧番号	最大寸法(mm)			整備重量(t)	荷重(t)	設計・譲受認可	竣功届	譲渡・廃車日
					長さ	高さ	幅					
ワフ1	1～5	1926(大15)	日本車両東京		6,272	3,426	2,600	7.11	8	1926(大15).7.1	1926(大15).8.26	
ワ50	50～54	1926(大15)	日本車両東京		6,274	3,235	2,524	6.7	10	1926(大15).7.1	1926(大15).8.26	
	55	1926(大15)	日本車両東京	ワフ7	6,274	3,235	2,524	6.7	10	1955(昭30).7.22	1955(昭30).9.5	ワフ55→ワフ7
	56	1926(大15)	日本車両東京	ワフ6	6,274	3,235	2,524	6.7	10	1955(昭30).7.22	1955(昭30).9.5	ワフ56→ワフ6
ワ100	101	1930(昭5).5	日本車両	国鉄ワ21621	6,260	3,270	2,590	7.85	10	1953(昭28).6.23	1953(昭28).6.31	
	102	1930(昭5).5	田中	国鉄ワ21629	6,260	3,270	2,590	7.85	10	1953(昭28).6.23	1953(昭28).6.31	
ワ400	401	1922(大11).3	日本車両	国鉄ワ21401	7,786	3,365	2,740	6.9	13	1953(昭28).6.23	1953(昭28).8.5	
	402	1922(大11).3	日本車両	国鉄ワ21408	7,786	3,365	2,740	6.9	13	1953(昭28).6.23	1953(昭28).8.5	
	403	1922(大11).7	日本車両	国鉄ワ21418	7,786	3,365	2,740	6.9	13	1953(昭28).6.23	1953(昭28).8.5	
ト1	1～7	1925(大14)	日本車両東京	フト1～7	6,350	2,407	2,438	6.8	12	1925(大14).7.6	1925(大14).11.25	
	8・9・10・12	1925(大14)	日本車両東京	フト8～10・12	6,350	2,378	2,452	6.8	12	1926(大15).5.6	1926(大15).8.26	
	11	1925(大14)	日本車両東京	ト101	6,350	2,407	2,438	6.8	12	1959(昭34).4.22	1959(昭34).9.3	
	13・14	1925(大14)	日本車両東京	ト113・114	6,350	2,378	2,452	6.8	12	1928(昭3).5.1		
	15・16・17	1925(大14)	日本車両東京	ト106・107・108	6,350	2,378	2,452	6.8	12	1958(昭33).9.24	1958(昭33).11.18	
	18・19・20	1925(大14)	日本車両東京	ト103・104・105	6,350	2,378	2,452	6.8	12	1959(昭34).4.22	1959(昭34).9.3	
チ1	1・2	1934(昭9)	苗穂工場改造	ト109・110	6,350	2,855	2,656	6.45	12	1934(昭9).1.19	1934(昭9).1.29	
ヤ1	1		自社改造	ホハフ10	15,791	3,648	2,725	17.5				
ミ1	1		スケネクタディ		3,635	2,580	2,337	12				
セサ500	500	1926(大15)	梅鉢鐵工所	オテセ500→セラ500	8,220	3,122	2,712	13.89	23	1933(昭8).12.16	1934(昭9).4.13	
	501・504	1926(大15)	梅鉢鐵工所	オテセ501・504→セラ501・504	8,220	3,122	2,712	14.53	23	1933(昭8).12.16	1934(昭9).4.13	
	502・503・505～509	1926(大15)	梅鉢鐵工所	セラ502・503・505～509	8,220	3,122	2,712	14.53	23	1933(昭8).12.16	1933(昭8).3.22	オテセ502・503・505～509→セラ502・503・505～509
	525	1926(大15)	日本車両	セラ525	8,220	3,122	2,712	14.53	23	1933(昭8).12.16	1934(昭9).4.13	オテセ525→セラ525
	526～530	1926(大15)	日本車両		8,220	3,122	2,712	14.53	23			

※貨車の詳細は『北海道の私鉄車両』(平成28年・北海道新聞社)を参照のこと

雪国には欠かせないラッセル雪カキ車キ１形。新造時は木造だったが戦後に鋼体化された。
1965.4.30　鹿ノ谷
P：荻原二郎

7．その他の車両

7.1 雪と闘う

沿線の夕張山地・石狩平野は北海道でも有数の豪雪地帯であり、冬期間の路線確保に苦労した。

●キ1形(１)←ユキ１形(１)

1926(大正15)年国鉄苗穂工場製の木造２軸ボギーラッセル式雪カキ車で、国鉄キ１形と同型車。1928(昭和３)年に称号をユキ→キに変更したほか、1933・1934(昭和８・９)年と２回にわたり翼を改造した。

1950(昭和25)年に車体の鋼体化が行われたが、改造は炭鉱の鉱山機械などを製作していた夕張製作所(後の北炭機械工業)に発注された。鋼体化にあたってラッセル車の前部台車を後部連結器と一体的に押すドローバー方式を採用、高くなった雪壁を段切りするための幅広ウィングの装備、さらに製作費用を縮減するため車体構造を運転室だけとして、空気タンク４基は台枠の上に置く構造とした。

廃線後北炭真谷地専用鉄道に転じたが、1987(昭和62)年の同線廃止により廃車となった。

排雪作業に活躍するキ１。
出典：『ゆうてつ50年のあゆみ』
(夕張鉄道株式会社)

■夕張鉄道その他車両一覧表・1962(昭和37)年９月在籍車両

資料作成：奥山道紀

形式	番号	製造年月	製造所	最大寸法(mm)			設計・譲受認可	竣功届	譲渡・廃車日	譲渡先
				長さ	高さ	幅				
キ1	1	1926(大15)	苗穂工場	11,252	3,600	2,383	1926(大15).11.17	1927(昭2).1.18	1975(昭50).4.1	北炭真谷地専用鉄道

●手続・改番日　改造・特殊装備・特徴など
○ユキ１：1926(大正15)年11月17日→1928(昭和３)年９月４日改番　キ１→1934(昭和９)年11月５日　改造・設計変更認可　補助翼設置→1950(昭和25)年６月５日　改造・設計変更認可　鋼体化

■車両竣工図表　夕張鉄道 キ１形　　資料所蔵：奥山道紀

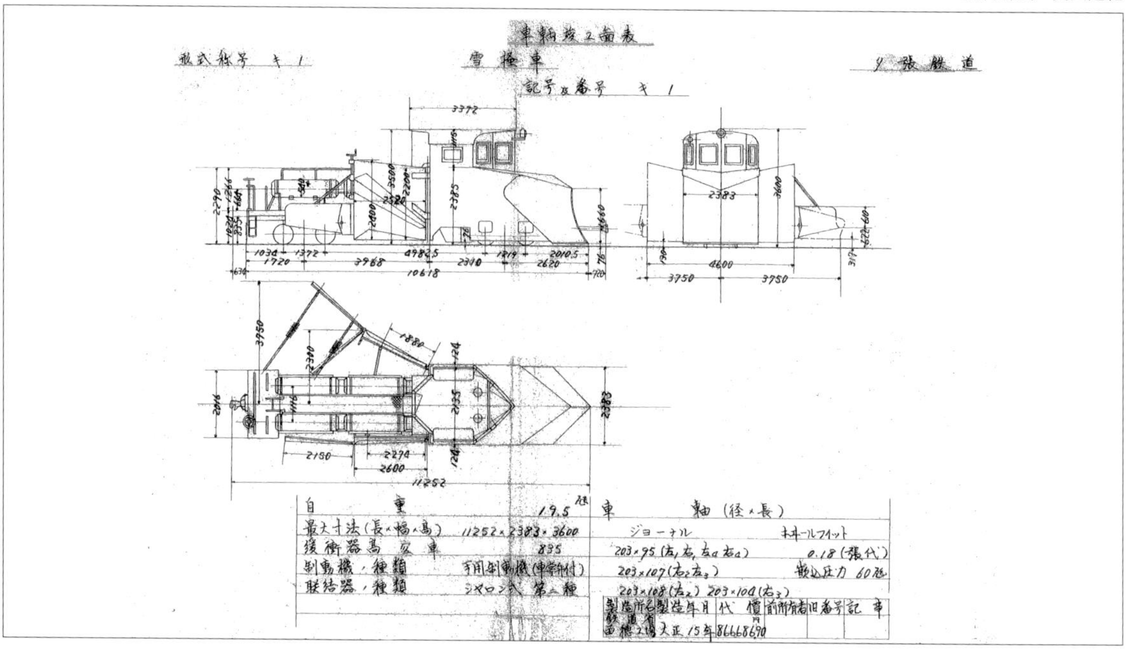

●ラッセル兼用モーターカー

気動車は動輪が１軸であり、雪に弱くこまめな除雪が求められた。ラッセルに加えて1962（昭和37）年にモーターカーが導入された。富士重工製TMC100BS型で、冬期はスノープラウを装着して除雪に活躍、夏期は保線作業に使用された。

その他に下夕張森林鉄道払下げ機を改造した排雪用DLがあった。諸元は以下の通りである。

製造：酒井工作所　製造年月：1957（昭和32）年８月
形式：C-26　重量：７ｔ、全長：3.8m
エンジン：日野DS-30A　旧番号30。

この排雪用DLには廃車となったバスのエンジン（三菱ふそうDB７・98PS/1,580rpm）他を活用したロータリー除雪装置（DL7L型ロータリー除雪車・除雪翼回転数402/分・除雪量500m^3/時・除雪幅2.1 ～ 4m）を装着して排雪作業に活躍したこともあった（多雪時には21形、DD1000形等が推進）。

新潟鐵工所との共同製作で油圧式自動転換装置を装備していた。同線廃止後北炭新鉱、真谷地専用鉄道に転じ廃車となった。

TMC100BS型とロータリー除雪装置（DL7L型ロータリー除雪車）は三笠鉄道村に保存されている。

また蒸気機関車１・13・14・21・25・26号機が、機関車先頭部に設けたスノープラウに空気シリンダーによる上下機構を設け、下降位置ではレール間のレール頭部の面よりも下の部分の除雪を行うことができるようにした「簡易排雪装置」を装備していた。分岐器通過時などは運転室からの操作で上昇させ、線路を損傷させないようにしていた。

（参照・夕張鉄道11形明細図面集「特殊装備と11形」　赤城英明　モデルワーゲン　1997年）

三笠鉄道村に保存されているロータリー除雪車（DL7L型、左）およびTMC100BS型モーターカー。　2019.7.10　P：奥山道紀

7.2 借入車両

開業当初は機関車の在籍が少なく、1937（昭和12）年４月１日には960形、8100形、9200形等の借入申請がなされていた。

1943（昭和18）年・1956（昭和31）年と9600形の借入実績が確認できるが、他にも輸送状況に応じ国鉄車両の借入がなされた。

※車両については「北海道の私鉄車両」澤内一晃・星良助（北海道新聞社　2016.3）も合わせて参照されたい。

7.3 夕張鉄道の遺産

夕張鉄道で活躍した車両は、以下の６両が北海道内に保存され、今も「夕鉄（ゆうてつ）」の歴史を伝えている。

・12（日本鉄道保存協会所有・江別市、非公開）
・14（夕張市ＳＬ館、非公開）
・ナハニフ151（夕張市ＳＬ館、非公開）
・21（夕張郡栗山町・栗山公園）
・24（個人所有・深川市多度志、旧番号の9645として保存）
・25（夕張郡長沼町・ながぬまコミュニティ公園）

また三笠市の鉄道村には排雪用ＤＬとロータリー除雪装置が保存されている。

一方廃車後本州に渡った車両では、キハ251が鹿島鉄道キハ714として鹿島鉄道保存会により保管されているほか、キハ252が岡山臨港鉄道キハ7001として前頭部が岡山県久米郡美咲町の「柵原ふれあい鉱山公園」に保存されている。

夕張市SL館に保存された11形蒸機14号とナハニフ151。
2018.2.3　P：奥山道紀

「南幌町生涯学習センターぽろろ」２階の郷土資料室は夕張鉄道コーナーのほかに、収蔵展示室もあり多数の備品・書類等の史資料が保存・展示されている。

夕張鉄道の本拠地である夕張市には1971（昭和46）年に「夕張市郷土資料館」が夕張本町駅跡にオープンしており、先述の14・ナハニフ151と、鉄道関連史資料が保存されているが、1975（昭和50）年３月の鉄道廃止に際して積極的な収集活動がなされなかったことが悔やまれる。

これらは三菱鉱業大夕張鉄道No.４とともに1981（昭和56）年に開館した「夕張市石炭の歴史村・ＳＬ館」に引継がれ保存されていたが、財政破綻により閉鎖。一部資料が夕張市石炭博物館に展示されているが、資料散逸等の混乱もあり、今後の動向が注目される。

その他に栗山町角田の「栗山町開拓記念館」にも、若干の夕張鉄道関連史資料が保存・展示されている。

長沼町の「ながぬまコミュニティー公園」に保存された21形蒸機25号機。
2022.8.22　P：奥山道紀

■在籍車両一覧表

資料作成：奥山道紀

1962(昭和37)年9月

車種	形式		車両番号	両数	最大寸法(mm)			自重(t)	荷重又は定員
	記号	番号			長	巾	高		
蒸気機関車		1	1・2	2	9,704	2,650	3,869	43.32	
		6	6	1	10,414	2,438	3,808	49.97	
		11	11～14	4	15,438	2,600	3,887	73.33	
		21	21	1	16,563	2,616	3,885	96.98	
			22	1	16,662	2,616	3,813	94.85	
			23	1	16,577	2,591	3,813	94.33	
			24	1	16,577	2,740	3,813	94.85	
			25	1	16,563	2,638	3,813	94.85	
			26	1	16,563	2,616	3,813	94.85	
			27	1	16,609	2,616	3,813	94.85	
内燃動車	キハ	200	201・202	2	20,120	2,725	3,690	27.4	114人
	キハ	251	251	1	20,100	2,730	3,695	28.14	120人
	〃	252	252	1	20,100	2,730	3,695	29.5	122人
	〃	253	253	1	20,100	2,730	3,695	29.5	122人
	〃	254	254	1	20,100	2,730	3,695	29.5	116人
	キハ	300	301・302	2	20,100	2,730	3,695	29.5	122人
客車	ナハ	50	50	1	16,920	2,705	3,885	25.4	夏84/冬76人
			51	1	16,920	2,705	3,925	25.69	夏84/冬76人
			52	1	16,802	2,840	3,904	25.11	夏84/冬76人
			53	1	17,000	2,900	3,925	25.69	夏84/冬76人
	ナハニフ	100	100	1	17,000	2,724	3,753	25	荷物3t/60人
	ナハニフ	150	151	1	18,400	2,740	3,736	25.9	荷物2t/68人
			150	1	18,400	2,740	3,736	25.5	荷物2t/68人
			152・153	2	18,400	2,740	3,736	25.9	荷物2t/68人
貨車	ワフ	1	1～5	5	6,272	2,600	3,426	7.11	8t
	ワ	50	50～56	7	6,274	2,524	3,235	6.7	10t
	ワ	100	101・102	2	6,260	2,590	3,270	7.85	10t
	ワ	400	401～403	3	7,786	2,740	3,365	6.9	13t
	ト	1	1～7・11 14～20	15	6,350	2,438	2,407	6.8	12t
			8～10 12・13	5	6,350	2,452	2,378	6.8	12t
	チ	1	1・2	2	6,350	2,656	2,855	6.45	12t
	セサ	500	500	1	8,220	2,712	3,122	13.89	23t
			501～509 525～530	15	8,220	2,712	3,122	14.53	23t
その他	キ	1	1	1	11,252	2,383	3,600	19.5	
	ミ	1	1	1	3,635	2,337	2,580	12	12t

1964(昭和39)年7月

車種	形式		車両番号	両数	最大寸法(mm)			自重(t)	荷重又は定員
	記号	番号			長	巾	高		
蒸気機関車		1	1・2	2	9,704	2,650	3,869	43.32	
		6	6	1	10,414	2,438	3,808	49.97	
		11	11	1	15,438	2,600	3,887	74.13	
			12～14	3	15,438	2,600	3,887	73.33	
		21	21	1	16,563	2,616	3,885	96.98	
			22	1	16,662	2,616	3,813	94.85	
			23	1	16,577	2,591	3,813	94.33	
			24	1	16,577	2,740	3,813	94.85	
			25	1	16,563	2,638	3,813	94.85	
			26	1	16,563	2,616	3,813	94.85	
			27	1	16,609	2,616	3,813	94.85	
			28	1	16,609	2,616	3,813	94.85	
内燃動車	キハ	200	201・202	2	20,120	2,725	3,690	27.4	114人
	キハ	251	251	1	20,100	2,730	3,695	28.14	120人
	〃	252	252	1	20,100	2,730	3,695	29.5	122人
	〃	253	253	1	20,100	2,730	3,695	29.5	122人
	〃	254	254	1	20,100	2,730	3,695	29.5	116人
	キハ	300	301・302	2	20,100	2,730	3,695	29.5	122人
客車	ナハ	50	52	1	16,802	2,840	3,904	25.11	夏84/冬76人
			53	1	17,000	2,900	3,925	25.69	夏84/冬76人
	ナハニフ	100	100	1	17,000	2,724	3,753	25.68	荷物3t/60人
	ナハニフ	150	151	1	18,400	2,740	3,736	25.9	荷物2t/68人
			150・ 152・153	3	18,400	2,740	3,736	25.14	荷物2t/68人
貨車	ワフ	1	1～5	5	6,272	2,600	3,426	7.11	8t
	ワ	50	50～56	7	6,274	2,524	3,235	6.7	10t
	ワ	100	101・102	2	6,260	2,590	3,270	7.85	10t
	ワ	400	401～403	3	7,786	2,740	3,365	6.9	13t
	ト	1	1～7・11 14～20	15	6,350	2,438	2,407	6.8	12t
			8～10 12・13	5	6,350	2,452	2,378	6.8	12t
	チ	1	1・2	2	6,350	2,656	2,855	5.75	12t
	セサ	500	500	1	8,220	2,712	3,122	13.89	23t
			501～509 525～530	15	8,220	2,712	3,122	14.53	23t
その他	キ	1	1	1	11,252	2,383	3,600	19.5	
	ミ	1	1	1	3,635	2,337	2,580	12	12t

1966(昭和41)年4月1日

車種	形式		車両番号	両数	最大寸法(mm)			自重(t)	荷重又は定員
	記号	番号			長	巾	高		
蒸気機関車		11	11～14	4	15,438	2,600	3,887	73.33	
		21	21	1	16,563	2,616	3,885	96.98	
			22	1	16,662	2,616	3,813	94.85	
			23	1	16,577	2,591	3,813	94.33	
			24	1	16,577	2,740	3,813	94.85	
			25	1	16,563	2,616	3,813	94.85	
			26	1	16,563	2,616	3,813	94.85	
			27	1	16,609	2,616	3,813	94.85	
			28	1	16,662	2,744	3,813	94.85	
内燃動車	キハ	200	201・202	2	20,120	2,725	3,690	27.4	114人
	キハ	251	251	1	20,100	2,730	3,695	28.14	120人
	〃	252	252	1	20,100	2,730	3,695	29.5	122人
	〃	253	253	1	20,100	2,730	3,695	29.5	122人
	〃	254	254	1	20,100	2,730	3,695	29.5	116人
	キハ	300	301・302	2	20,100	2,730	3,695	29.5	122人
客車	ナハニフ	100	100	1	17,000	2,724	3,753	25	荷物3t/60人
	ナハニフ	150	150	1	18,400	2,740	3,736	25.5	荷物2t/68人
			151	1	18,400	2,740	3,736	25.9	荷物2t/68人
			152	1	18,400	2,740	3,736	25.9	荷物2t/68人
			153	1	18,400	2,740	3,736	25.9	荷物2t/90人 内座席60人
貨車	ワフ	1	1～5	5	6,272	2,600	3,426	7.11	8t
	ワ	50	50～54	5	6,274	2,524	3,235	6.7	10t
	ワ	100	101・102	2	6,260	2,590	3,270	7.85	10t
	ワ	400	401～403	3	7,786	2,740	3,365	6.9	13t
	ト	1	1～4・6・7 11・13～20	15	6,350	2,438	2,407	6.8	12t
			8～10・12	4	6,350	2,452	2,378	6.8	12t
	チ	1	1・2	2	6,350	2,656	2,855	6.45	12t
	セサ	500	500	1	8,220	2,712	3,122	13.89	23t
			501～508	8	8,220	2,712	3,122	14.53	23t
			509・ 525～530	7	8,220	2,712	3,122	14.35	23t
	キ	1	1	1	11,252	2,383	3,600	19.5	

注）貨車総数52両（内直通貨車42両）

1972(昭和47)年10月1日

車種	形式		車両番号	両数	最大寸法(mm)			自重(t)	荷重又は定員
	記号	番号			長	巾	高		
内燃機関車	DD	1000	1001・ 1002	2	13,600	2,950	3,849	56	
蒸気機関車		11	12	1	15,438	2,600	3,887	73.33	
		21	21	1	16,563	2,616	3,885	96.98	
			25	1	16,577	2,740	3,813	94.85	
			26	1	16,563	2,616	3,813	94.85	
			27	1	16,563	2,616	3,813	94.85	
			28	1	16,609	2,616	3,813	94.85	
内燃動車	キハ	200	201・202	2	20,120	2,725	3,690	27.4	114人
	キハ	251	251	1	20,100	2,730	3,695	28.14	120人
	〃	254	254	1	20,100	2,730	3,695	29.5	116人
貨車	ワフ	1	1～4	4	6,272	2,600	3,426	7.11	8t
	ト	1	2・15	2	6,350	2,438	2,407	6.8	12t
	セサ	500	526・527	2	8,220	2,712	3,122	14.53	23t
	キ	1	1	1	11,252	2,383	3,600	19.5	

備考　キハ201号車：1971（昭和46）年７月１日休車扱
ワフ4号車：休車扱い

錦沢を行く、水槽車を従えたコッペル1形による小列車。
1951年　P：大崎　盛

■参考文献・資料

鉄道省文書『夕張鉄道』『北海道炭礦汽船』国立公文書館所蔵

『夕張タイムス』

『北海道新聞』

『私鉄統計年報』

『夕張鉄道規程集(契約類)』

『ゆうてつ50年のあゆみ』(夕張鉄道　1975年)

『夕張鉄道全線完成記念誌』(夕張鉄道　1930年)

『夕張文化』No.51 2～21頁「ゆうてつ ありし鉄道の思い出をたどって」古屋　源(夕張市文化協会刊　2006年)

『運転協会誌』No.116「あの線この線・石炭に明け、石炭に暮れる夕張(夕張鉄道線)」古屋　源(日本鉄道運転協会　1969年2月)

『運転協会誌』No.138「SLの歩みを(夕張鉄道)」岡垣幸一(日本鉄道運転協会　1970年12月)

『日立評論』Vol11 No.1　33頁「我が製作界の成果」(日立製作所　1928年)

『日立評論』第51巻　第12号89頁「夕張鉄道株式会社納日立56t液体式ディーゼル機関車」(日立製作所　1969年)

『北海道の私鉄車両』澤内一晃・星　良助(北海道新聞社　2016年)

『北海道炭礦汽船70年史』(北海道炭礦汽船　1958年)

『北海道炭礦汽船50年史』(北海道炭礦汽船　1939年)

『平和よ永遠に』(平和炭鉱労働組合　1977年)

『夕張市史』(夕張市　1981年)

『栗山町史』(栗山町　1989年)

『記念の俤』(角田村青年団　1926年)

『江別市史』(江別市　1970年)

『新・江別市史』(江別市　2005年)

『江別昭和史』(江別市　1995年)

『鉱山のSL』信賀喜代治(みやま書房　1973年)

『機関車の系譜図Ⅲ』臼井茂信(交友社　1976年)

『改訂版 O&Kの機関車』金田茂裕・近藤一郎(機関車史研究会　2021年)

『私の夕張』花井正弘(草原社　1986年)

『鉄道ピクトリアル』(鉄道図書刊行会)
No.61「夕張鉄道」(1956年)
No.212「夕張鉄道」(1968年)他

『鉄道ファン』(交友社)
No.50「夕張鉄道　スイッチバックと補助機関車」(1965年8月)
No.108「夕張鉄道のディーゼル機関車」(1970年5月)
No.171「石炭産業とともに生きた 夕張鉄道廃止」(1975年7月)
No.443「夕張に咲いたコンソリの花 夕張鉄道11形1Dテンダ機関車」(1998年3月)

『鉄道ジャーナル』(鉄道ジャーナル社)
No.74「私鉄・専用線の蒸気機関車 '67～'73 Part 5　払い下げ機関車(1)」(1973年6月)

『とれいん』(プレスアイゼンバーン)
No.31「夕張鉄道の9600にギースルを付けようとした話」(1977年7月)
No.189「機械式気動車の内部」(1990年9月)
No.191「夕張鉄道キハ202→岩手開発鉄道キハ301について」(1990年11月)

『蒸気機関車』(キネマ旬報社)
No.26「特集　炭礦の鉄道」(1973年7月)
No.40「夕張鉄道の終焉」(1975年11月)
No.42「夕張追想」(1976年3月)
No.68「夕張」(1980年7月)

『RM LIBRARY』(ネコ・パブリッシング)
第17巻「B6回顧録 私鉄・専用鉄道・専用線編」瀬古 龍雄(2000年)
第36巻「キハ07ものがたり〈下〉」岡田 誠一(2002年)
第59巻「昭和29年夏 北海道私鉄めぐり〈下〉」青木 栄一(2004年)
第87巻「戦後生まれの私鉄機械式気動車〈上〉」湯口　徹(2006年)
第151巻「無蓋ホッパ車のすべて(上)」吉岡心平(2012年)

『ドキュメント　感動の所在地2』(ネコ・パブリッシング　2001年)
「北の運炭動脈を往く」椎橋俊之／「追憶の夕張鉄道」片岡俊夫

『SL甲組の肖像1』「夕張鉄道 日産4,200トン!黒ダイヤとともに半世紀」椎橋俊之(ネコ・パブリッシング　2007年)

『蒸気機関車EX』Vol.40「夕張鉄道 蒸気時代」伊藤久己(イカロス出版　2020年3月)

『夕張鉄道11形明細図面集』モデルワーゲン編(モデルワーゲン　1997年)

『北国の鉄道』1～4　星　良助(ないねん出版　2000～2003年)

『RAIL FAN』(鉄道友の会)
通巻72号「北海道唯一のポール電車 角田炭礦専用鉄道を訪ねて」星　良助(1959年12月)
通巻755号「私鉄のボギー客車 20 梅鉢鉄工場・日車東京支店」湯口　徹(2017年10月)
通巻756号「私鉄のボギー客車 21 半鋼製車 相模鉄道・夕張鉄道・美唄鉄道・大夕張鉄道」湯口　徹(2017年12月)

『世界の鉄道』(朝日新聞社)
'67(1966年)／'68(1967年)／'70(1969年)／'71(1970年)

『世界の鉄道・別冊』(朝日新聞社　1976年)

『レイル』No.21「北線路」湯口　徹(プレスアイゼンバーン　1988年)

『鉄道廃線跡を歩く』「夕張鉄道を歩く」(日本交通公社出版事業局　1995年)

『鉄道廃線跡を歩く』(JTB出版事業局)
Ⅶ「夕張鉄道の専用鉄道」(2000年)
Ⅸ「夕張鉄道①」(2002年)
Ⅹ「夕張鉄道②」(2003年)

『新 鉄道廃線跡を歩くI 北海道・東北編』「夕張鉄道」(JTBパブリッシング　2010年)

『鉄道史料』第46号「北海道の石炭車　昭和編・下」小熊米雄(鉄道史料保存会　1987.5)

『夕張の鉄道(私家版)』赤城英昭(1999年)

『女子鉄道員 私の青春歩(私家版)』白石節子(1984年)

DVD『思い出の鉄路　北海道・本州編』NHKエンタープライズ　2011年)

DVD『懐かしい昭和のワンパク時代』(北海道放送　2008年)

おわりに

昭和40年代、夕張市が札幌近郊の小学生の見学旅行先だったことがある。見学先のメインは北炭夕張鉱業所（模擬坑・現夕張市石炭博物館）だった。

夕張市は国内有数の炭鉱町だった。

しかし現在、全ての炭鉱は閉山し炭住街の灯は消え、鉄路も廃止されて石勝線の新夕張駅（旧紅葉山駅）だけが残る。

ヤマの街はかつて賑やかだった。谷筋を貫く鉄道・道路に沿って、山腹の高いところまで規則正しく炭鉱住宅が建ち並び、夜になると家々の灯りが谷間を埋め尽くして不夜城のように輝いた。

また炭住街の配給所（購買会）、浴場、会館等からは他の街にはない一種独特の雰囲気が感じられた。それらは厳しい地底の労働に支えられた地域の一体感なのであろうか。

朝・昼・晩と炭鉱の操業にあわせ鳴る時報のサイレン、石炭を満載した貨車を牽き、駅を発車する蒸気機関車の汽笛、炭山祭りの神輿の掛け声、祭囃子、盆踊りの櫓太鼓の音が遠くから聞こえてくる。

夕張は昔のままで人々の心の中に生きている。

昭和40年代以降の炭鉱閉山後、空知管内の各自治体は主要産業の衰退により人口流出、地域産業の疲弊に喘いでいる。

夕張鉄道（株）も2024（令和６）年１月に創業100年を迎えたが、利用者減少や乗務員不足により、2023（令和５）年10月に夕張と栗山・札幌等を結ぶバス路線は廃止となった。

空知管内には炭鉱に関連する建物、構築物、車両などが点在しているが、2001(平成13)年10月にこれらの炭鉱関連施設が北海道の提唱する「北海道遺産」に指定され、また近代北海道を築く基となった三都（空知・室蘭・小樽）を、石炭・鉄鋼・港湾・鉄道というテーマで結ぶ「炭鉄港（たんてつこう）」が2019（令和元）年文化庁が選定する「日本遺産」に認定された。

「温故知新」、「旧きを訪ねて新しきを知る」と云う言葉がある。かつての地域の主要産業であった、これら空知管内独自の炭鉱遺産が再注目され地域の活性化に役立てば喜ばしいことである。

夕張鉄道跡も、一部は広域農道に、一部はサイクリンロードにと断片的に残っている。また車両・各種史資料についても夕張市、栗山町、長沼町、南幌町等と沿線自治体に保存されている。

本書がこれらの断片的に残る夕張鉄道の記録を繋げるものとして、読者の皆様に活用されればありがたいことである。

また、本書を取り纏めるに当たって多くの皆様にご協力頂いた。あらためて感謝致します。

奥山道紀

■協力者名（敬称略）

赤城英昭　青木隆夫　安藤文雄　石田　司
石川孝織　石川成昭　伊藤保則　今井　理
江本廣一　江別市郷土資料館　大崎　盛
大原康弘　荻原俊夫　岡垣幸一　片岡俊夫
川上辰彦　川村高志　熊谷隆文
栗山町開拓記念館　栗山町教育委員会
近藤一郎　古村　誠　志賀秋人　柴原新平
鈴木写真変電所　高井薫平　寺田牧夫
中西進一郎　西村雅幸　花田政光　古屋　源
星　良助　堀　淳一　宮内明朗　村松　功
元木史昭　諸河　久　夕張市石炭博物館
夕張鉄道　渡部　洋

夕張鉄道平和～若菜間のΩループを行く石炭列車。
1975.2.21　P：元木史昭